Bungert / Pabst

Engel – Botschafter des Ewigen

Alfons Bungert/Rose Pabst

Engel – Botschafter des Ewigen

echter

Für die freundliche Genehmigung zur Veröffentlichung ihrer Kunstwerke danken wir den Kirchen und Museen.

Titelbild des Umschlags:
Engel aus dem Zug der Heiligen Drei Könige, romanische Holzdecke, Zillis/Schweiz

Umschlag Rückseite:
Verkündigung an die Hirten, Gusdorfer Chorschranke, 12. Jahrhundert, jetzt Rheinisches Landesmuseum, Bonn

Bildnachweis:
Seite 55: Hermann Wehmeyer, Hildesheim, »Vertreibung aus dem Paradies«
Alle übrigen Bilder: Dr. Rose Pabst, Kronach

CIP-Kurztitelaufnahme der Deutschen Bibliothek

Bungert, Alfons:
Engel – Botschafter des Ewigen / Alfons Bungert ;
Rose Pabst. – Würzburg : Echter, 1984.
ISBN 3-429-00890-5

NE: Papst, Rose:

Mitglied der Verlagsgruppe »engagement«

Bibelstellen aus dem Text der Einheitsübersetzung

Gesamtherstellung: Echter Würzburg
Fränkische Gesellschaftsdruckerei und Verlag GmbH
ISBN 3-429-00890-5

INHALT

Dr. Richard Sattelmair gewidmet

VORWORT

Wer glaubt denn noch an Engel?
Diese Frage zielt auf das religiöse Zeitproblem unserer Tage: Existiert Gott oder nicht?
Die Wurzel des Zweifels führt zurück auf unser rationales naturwissenschaftliches Denken von Ursache und Wirkung, das eine Aufhebung der uns bekannten Naturgesetze für unmöglich erklärt.
Engel, die Erscheinungen einer höheren Daseinsdimension, umschreibt das Alte Testament mit »Boten Gottes«, »Söhnen Gottes«, »Wächtern« oder »Heer Jahwes« (Ijob 1,6; Dan 4,10).
Daß die Glaubensvorstellung der Boten Gottes geleugnet wird, liegt sicher auch in den süßlich-kitschigen Engeldarstellungen des 19. Jahrhunderts, die diese bis zur Banalität verharmlosten.
Dagegen berichtet die Bibel vom tiefen Erschrecken und der Angst, die diese Boten als Träger und Dolmetscher göttlichen Offenbarungswillens begleiten und erst mit dem Engelgruß: »Fürchte dich nicht!« bei der Anrede der Betroffenen gemildert werden.
Über Wesen und Aussehen der Engel äußert sich die Bibel zurückhaltend, die Betonung liegt auf der Aufgabe. Zur Umschreibung der äußeren Erscheinung dienen Bild-Vergleiche, z. B. im Osterevangelium: Seine Gestalt war wie der Blitz und sein Gewand weiß wie Schnee (vgl. Mt 28,3), oder auch die Bilder- und Symbolsprache der Offenbarung.

Die Grundlagen der Vorstellung geflügelter Gottesboten gehen weit über das Alte Testament hinaus und waren vorher bereits in Mesopotamien und Assyrien bekannt.
Die frühchristlichen Engeldarstellungen zeigen ungeflügelte, männliche Gestalten und grenzen diese damit bewußt gegenüber den antiken geflügelten Genien, Eroten und Siegesgöttinnen ab. Im 4. Jahrhundert treten der Heiligenschein hinzu und im 6. Jahrhundert die Flügel. Erst in der Renaissance und teilweise im Barock erscheinen wieder ungeflügelte Engelbilder (Michelangelo, Weltgericht).
Die Kirchenväter verstanden die Sphärenmusik als Ausdruck immerwährender Anbetung der himmlischen Heerscharen. Die Rangordnung in neun Engelchöre geht auf Pseudo-Dionysius zurück. In der Scholastik stritt man sich gar um das Geschlecht der Engel und hatte damit den Blick auf die biblische Aussage verloren. Jesus selbst gab auf die Fangfrage der Sadduzäer (vgl. Lk 3,36) die zurückhaltende Antwort: Der erlöste Mensch wird den Engeln gleichgestellt werden, frei von allen irdischen Bindungen. Die gemeinsame Aufgabe wird in der Anbetung des Schöpfers und dem immerwährenden Schauen seiner Herrlichkeit bestehen.
Bei der Erwähnung der Engel im Alten Testament treten diese meist in der Einzahl auf und erscheinen als Offenbarungen Gottes. Es werden drei Erzengel genannt: Michael, Gabriel, Rafael.
Das Neue Testament berichtet von Engelerscheinungen besonders im Zusammenhang mit der Geburts- und Kindheitsgeschichte Jesu. Ihr Auftrag besteht in der Anbetung und im Lob Gottes, im Botendienst als Vermittler göttlicher Offenbarung, in Schutz und Hilfe für Personen und Völker.
 Am häufigsten erwähnt die Bibel Engel im Blick auf die Endzeit: 4 Wind-

engel, 7 Posaunenengel, 7 Engel mit den 7 letzten Plagen. Der Engel mit dem Mühlstein (Offb 18,21) symbolisiert den Weltuntergang.
Die Engel erscheinen gleichzeitig als Richter und Bürgen einer erneuerten Schöpfung. Die Gerechten unter den Menschen werden den Engeln gleichgestellt werden.
Unsere Vorfahren verstanden die Engel als hilfreiche Begleiter und Träger von Gottesoffenbarungen. Einige Beispiele, meist wenig beachtete Kunstwerke unserer Heimat, sollen dies verdeutlichen. Nicht durch rationales Denken, sondern durch den Glauben kann der überirdische Einbruch der Engelsbotschaft in unser Erdenleben erfaßt werden.

EINLEITUNG

Unsere christliche Kunst ist kaum ohne das Bild des Engels zu denken. Skulpturen und Gemälde halten im Bild fest, was Künstler aus der Bibel und der übrigen kirchlichen Überlieferung von der Wirklichkeit der Engel aufnahmen. Sie schufen herrliche, ansprechende Engelgestalten und lassen uns mittels ihrer Farben und Formen erkennen, wie ihre Augen das Bild des Engels gesehen haben. Es muß auffallen, daß die Heilige Schrift, sooft sie von Engeln spricht, eine bildhafte Sprache gebraucht und Engel sichtbar macht, wo sie doch im Grunde unsichtbar bleiben. Sie läßt unserer Vorstellungskraft für das Bild des Engels einen weiten Spielraum, den die Künstler im Verlauf zweier christlicher Jahrtausende auch ausgeschöpft haben, wie uns die Wandlung in der Art, Engel darzustellen, zeigt.
Barlachs Engelgestalt aus dem 20. Jahrhundert mit den Zügen der Käthe Kollwitz (Seite 13) unterscheidet sich von der langen Reihe der anderen Engeldarstellungen. Barlach schuf das Bildnis eines Engels und läßt den Betrachter, sofern er mit dem durch viele Jahrhunderte gewachsenen Bewußtsein der Christen vertraut ist, die Verbindung zum Erzengel Michael herstellen. Michael galt schon im Mittelalter als Geleiter der Toten. Über Barlachs Engelgestalt liegt jedoch kaum etwas vom Glanz und der Erhabenheit der himmlischen Geister, wie die Bibel sie in sparsamen Worten andeutet und Künstler vergangener Jahrhunderte sie in ihren Bildnissen zu erfassen suchten. Der schwebende Engel ist keine Erscheinung wie der Blitz gleich

Schwebender Engel
oder
die Klage über den Todesfeldern
von Ernst Barlach, Bronze, 1938, Antoniterkirche, Köln

Der berühmte Engel von Ernst Barlach, als Personifikation der über den Todesfeldern der Kriege schwebenden Klage, realisiert die Idee des Engelfürsten Michael, der die Seelen ins Jenseits geleitet und beim Jüngsten Gericht mit der Seelenwägung beauftragt ist.
Ursprünglich 1927 für den Dom von Güstrow geschaffen, wurde diese Plastik zehn Jahre später als entartete Kunst eingeschmolzen. Der jetzige Engel beruht auf einem Zweitguß, den Ernst Barlach 1938 heimlich anfertigte. Er gab dem Engel die Gesichtszüge von Käthe Kollwitz, die während der Hitlerzeit als »entartete Künstlerin« verfemt war.

dem Engel am leeren Grab (vgl. Mt 28,3); er läßt uns nicht zittern und erbeben wie der Engel der Apokalypse den Seher Johannes, der von der Majestät des Engels so betroffen war, daß er vor ihm anbetend niederfiel und ihm göttliche Ehre erweisen wollte (Offb 19,10).
Vor dem Engel Barlachs fühlen wir uns auch nicht erhoben durch den Anblick göttlicher Herrlichkeit. Gefaßtheit und Stille in der Trauer über uns und die durch uns blutende Welt überträgt sich vom Bild auf den Betrachter. Dieser Engel bekundet ihm nicht das leuchtende Antlitz Gottes, der sich mit den Menschen einläßt, sondern hält umgekehrt Gott das von Leid und Trauer gezeichnete Gesicht der zu ihm aufschauenden Menschheit entgegen. Im Aufblick zu Gott bleibt das durch Unrecht und Gewalt, Gefühllosigkeit und Gleichgültigkeit empfangene Leid bitter und schmerzhaft, bleibt jedoch nicht verdammt zur Sinnlosigkeit, sondern erhält von oben, von Gott selbst, die Zusage, daß es angenommen und gewandelt wird.
In dem Gesicht von Barlachs Engel könnten sich Menschen unserer Zeit ausgedrückt sehen. Ein solches Engelbild spricht eher zu ihnen als jene Distanz schaffenden Gestalten, die himmlische Herrlichkeit verkörpern. Finden wir zu Engelbildern, die den Blick auf uns herabrichten und Gottes Herrlichkeit künden, überhaupt noch Zugang? Sind sie imstande, uns die Wirklichkeit der Engel aufzuschließen? Dies wird davon abhängen, ob wir nicht bloß Kunstwerke anschauen und würdigen, sondern zugleich auch von der Existenz der Engel überzeugt sind.

Die himmlische Schar

Es ist eine ganze himmlische Schar, von der die Bibel spricht. Kein Wort läßt sie verlauten über die Erschaffung der Engel, aber sie nennt die Engel und erzählt von ihnen, als sei ihre Anwesenheit selbstverständlich. Engel treten ins Leben Abrahams und Jakobs und wirken ebenso auf die Propheten ein. Dabei handeln sie nie aus eigener Vollmacht, sondern erfüllen den Auftrag Jahwes, dessen Diener sie sind. Seinen Willen gilt es zu erfüllen, und nach diesem Willen soll Israel das heilige, seinem Gott in Treue verbundene Volk sein. An seine Treue muß Israel durch die Propheten gemahnt werden, die Propheten aber haben dabei den Engel zur Seite.

Im Neuen Testament sehen wir den Dienst der Engel ganz auf Christus und sein Erlösungswerk bezogen. Der Erzengel Gabriel kündet zuerst die Geburt des Vorläufers Johannes und dann die Geburt Jesu Christi an. Ein Engel vermittelt dem heiligen Josef im Traum die Weisungen Gottes, ein anderer bringt den Hirten von Betlehem die Kunde von der Geburt des Herrn. Danach singt die himmlische Schar zur Ehre Gottes und sagt der Erde den Frieden zu. Am leeren Grab steht der Engel mit seiner Botschaft: Christus ist auferstanden.

Die Wendung »Heere des Himmels« begegnet uns etwa zweidutzendmal in älteren Bibelübersetzungen, zum erstenmal in Gen 2,1. Dort aber lesen wir heute: »So wurden Himmel und Erde vollendet und ihr ganzes Gefüge« statt »ihr ganzes Heer«, und an anderen Stellen, die vom himmlischen Heer sprechen (etwa 1 Kön 22,19; 2 Kön 17,16; 2 Chr 18,18; Neh 9,6; Ps 33,6; Jes 34,4; 45,12; Jer 8,2; 19,13; 33,22; Dan 8,10f; Zef 1,5), sind die Sterne und nicht die Engel gemeint, wie die Bibelwissenschaft heute erklärt. Die Bezeichnung der Sterne in der Heiligen Schrift Israels (dem Alten Testament) als »himmlisches Heer« verweist uns auf Unterströme in der Geschichte des Gottesvolkes, das inmitten heidnischer Völker lebte und von ihnen wußte, daß sie die Gestirne als göttliche Wesen ansahen und entsprechend verehrten. Israel vermochte es nicht völlig, sich diesem Einfluß zu entziehen, und geriet in die Versuchung, einen derartigen Sternenkult zu übernehmen. Die Bibel stellt dagegen klar: Die Gestirne sind Geschöpfe Gottes, von ihm ins Dasein gerufen und seinem Willen unterworfen.

Aus biblischer Sicht sind die Engel von Gott geschaffen, damit sie seinen Willen erfüllen, und ebenso die Dämonen. Sie verfügen gleichermaßen nur über eine begrenzte Macht, die ihnen endgültig genommen wird, sobald die Welt heimgeholt ist zu Gott.

Wir hören da und dort, auch innerhalb der Kirche, den Einwand, der Glaube an die tatsächliche Existenz rein geistiger geschaffener Wesen, also der Engel und Dämonen, vertrage sich nicht mit dem modernen Weltbild und sei mit der Abwendung vom antiken Weltbild hinfällig geworden. Von den zeitbedingten Vorstellungen, die uns heute noch in der Philosophie der Griechen über Engel und Dämonen begegnen, gilt dies offensichtlich. Doch halte ich den Rückschluß von der Verkehrtheit der Vorstellungen auf die Unmöglichkeit des Vorgestellten für unzulässig. Ich vermag nicht einzusehen, warum Engel, wie sie uns in der Bibel begegnen, zu unserem Weltbild nicht passen könnten. Der Glaube daran, Gott habe rein geistige Wesen zu seinem Dienst erschaffen, ist nicht an eine bestimmte Zeit mit ihren Vorstellungen gebunden. Aus dem Argument, der Glaube an die Existenz rein geistiger geschaffener Wesen laufe dem modernen Weltbild zuwider, folgt keineswegs die Notwendigkeit für das menschliche Denken, einem solchen Glauben die Zustim-

mung zu versagen. Ob es Engel oder Dämonen gibt oder nicht, entzieht sich letztlich dem Urteil unseres menschlichen Erkenntnisvermögens.
Selbstverständlich sucht der Mensch in Fragen des Glaubens, wo es um die eigentliche Wahrheit geht, Argumente für seinen Verstand, um sie zu prüfen und seine Entscheidung dafür oder dagegen zu treffen. Als ich in einem Gesprächskreis von den Engeln zu reden begann, gestand eine Frau, ihr sei der Glaube an die Existenz von Engeln lieb geworden in demselben Maß, wie sie durch ihr Studium in den Mikrokosmos eingedrungen sei. Wenn es in diesem Bereich eine so reiche und sorgfältig angeordnete Vielfalt gibt, legt sich der Gedanke nahe, es gebe diese Vielfalt auch in Bereichen, die unsichtbar für den Menschen sind. Auf ähnliche Weise schlossen schon heidnische Denker auf die Existenz von Engeln, die dann allerdings häufig die Aura der Göttlichkeit umgab.
Eine Glaubensentscheidung kann jedoch unmöglich bloß eine Angelegenheit des Verstandes sein. Alle geistigen Kräfte, ja der ganze Mensch, sind herausgefordert und müssen notwendig zur Glaubensantwort beitragen. Eine Glaubensforderung kann nur von einer Person erhoben und ebenso ausschließlich von einer Person mit Gehorsam oder Verweigerung beantwortet werden, weil nur die Person aufgrund ihrer Selbsterkenntnis und ihres seinshaften Wertes dazu in der Lage ist. Glaube wird ja nur da geschenkt, wo der Geforderte von der Glaub- und Vertrauenswürdigkeit des zu ihm Sprechenden und ihn Anrufenden überzeugt ist. Um die Erkenntnis, ob er dem anderen, dem Du, trauen kann und darf, ringt der Mensch, sobald er sich vor eine Glaubensentscheidung gestellt sieht. Das Herz entscheidet. Eine methodisch falsche Skepsis macht es vielen Menschen schwer, eine zusagende Glaubensentscheidung dort zu treffen, wo sie den Anspruch Gottes vernehmen und sich

herausgefordert sehen, sich Gott anzuvertrauen und ihr Leben nach seinem Willen auszurichten. Seit Beginn der als Aufklärung bezeichneten Geistesströmung fragen viele nicht bloß nach Gründen, die für den Glauben an Gott sprechen, sondern verlangen Beweise für die Existenz Gottes. Beweise, wie die exakten Naturwissenschaften sie führen, lassen sich jedoch für den Bereich des Übernatürlichen nicht erbringen. Solche Beweise stimmen nur in der materiellen Welt, wo sich Vorgänge bestimmter Art unter gleichbleibenden Bedingungen experimentell beliebig oft wiederholen lassen und durch stets gleichbleibende Ergebnisse aufweisen, daß diese Vorgänge einer feststehenden Gesetzmäßigkeit folgen. Die Vielzahl der vorgenommenen Versuche und die beständig wiederkehrenden Ergebnisse gelten für die exakten Wissenschaften als Beweis für die Richtigkeit ihrer Erkenntnis und ihres Wissens.

Auf solche Art experimentieren läßt sich zum Zweck der Beweisführung nur im Bereich der Materie, da sie an feststehende Gesetze gebunden ist. Im Bereich der Freiheit lassen sich solche Experimente nicht durchführen, weil der Experimentierende nie sicher sein kann, daß die Voraussetzungen gleichbleiben. Hier nämlich kann der Wille seine eigenen Entscheidungen treffen und ist darin nicht fehlerlos berechenbar. Voraussagen, die sich auf den Menschen beziehen, basieren auf Wahrscheinlichkeitsrechnungen anhand von Statistiken. Wenn sich alle Menschen unverändert wie jetzt bis zum Jahr 2000 verhalten würden, dann ließen sich die Verhältnisse des Jahres 2000 ziemlich genau ausrechnen. Wer aber sagt uns, daß die Menschen ihr Verhalten nicht grundlegend ändern, etwa dem Ruf Christi folgen und sich bekehren oder umgekehrt ihre Selbstherrlichkeit auf die Spitze treiben?

 Demnach ist es unüberlegt und falsch, etwas, was im Bereich des Materiellen und der Tatsachen gültig ist, auf den personalen Bereich zu übertragen und dort Beweise zu fordern, wo Glaube verlangt wird. Gott wäre unmittelbar erkennbar, wenn er für menschliche Experimente zur Verfügung stünde und auf Verlangen Wünsche erfüllen würde. Eine solche regelmäßige Erzwingbarkeit wäre ein Zeichen dafür, daß es Gott gibt. Dieser Gedanke ist absurd. Ein verfügbarer Gott wäre kein Gott, sondern ein dem Menschen unterworfener Automat. Gott läßt uns auf Schritt und Tritt erkennen, daß er nicht verfügbar ist, aber in Liebe uns zugewandt bleibt und uns für immer an seinem Leben, seinem Frieden und seiner Freude teilnehmen lassen will, sofern wir uns vertrauensvoll in seine Hand geben.

So unmöglich wie Gottesbeweise bleiben auch Beweise für die Existenz oder Nichtexistenz von Engeln und Dämonen. Welche Gründe haben also jene, die von der Existenz geschaffener rein geistiger Wesen überzeugt sind, für ihren Glauben? Sie nehmen jedenfalls die Meinung nicht an, die Engel seien ausschließlich Bilder für Gott und sein Handeln und als Realitäten im modernen Weltbild nicht zu halten. Ebensowenig deuten sie nach heidnischer Art Engel als personifizierte Naturkräfte. Was aber bestärkt sie im Glauben, daß die himmlische Schar durchaus wirklich ist und nicht nur ein zeitbedingtes Bild?

Mein Bild von den Engeln ist mitgeprägt durch die Engelfeste. Die Kirche feiert am 29. September das Fest der Erzengel Michael, Gabriel und Rafael und begeht am 2. Oktober den Gedenktag der Schutzengel. Durch das Wort der Schrift sagt sie uns, daß wir unter dem Schutz Gottes stehen und daß die Engel den Herrn umgeben beim Werk der Erlösung. Glauben wir an Christus, werden wir wie Jakob den Himmel offen und die Engel Gottes auf- und niedersteigen sehen.

Engel am Teich von Betesda
Das Heilungswunder des Gelähmten
Romanische Holzdecke, 12. Jahrhundert, Kirche in Zillis, Graubünden

Dargestellt ist der Augenblick, da der Engel das Wasser bewegt und der Gelähmte gesund aus dem Teich davonhumpelt.
Den Botenauftrag des Engels verdeutlicht der Wunderstab, als Lilienzepter gemalt. Verblüfft betrachten die Zuschauer am Rande die ersten Gehversuche des Gelähmten, der 38 Jahre lang vergeblich und ohne Chance versuchte, als erster das heilende Wasser zu erreichen, und der nun entgegen aller Erwartung dem Teich als Geheilter entsteigt.
Die Zuwendung Jesu zum leidenden Menschen beweist den Sieg über die feindlichen Mächte der Krankheit und des Todes. Die Bibel überliefert nicht die heutige Auffassung des Wunderbegriffes. Sie berichtet von »Machttaten«, »Zeichen«, »staunenerregenden Dingen«. Uns jetzigen Menschen erscheint ein übernatürliches Eingreifen durch Aufhebung der Naturgesetze unmöglich. Die Menschen des Altertums sahen in den Wundern Jesu den Durchbruch einer anderen Daseinsdimension, ähnlich den Engelerscheinungen.
Ein Wunder, an sich betrachtet, hat doppeldeutige Wertung. Es kann auf Gott als den Schöpfer aller Dinge zurückzuführen sein, aber ebenso den Einfluß satanischer Mächte beweisen.
Jesus selbst hat dem Glauben an Gottes Allmacht gegenüber dem Wunderbeweis den Vorrang gegeben. Seine Worte bei der Begegnung mit dem ungläubigen Thomas bezeugen dies: Selig diejenigen, die nicht sehen und doch glauben.

Einige Zeit später war ein Fest der Juden, und Jesus ging hinauf nach Jerusalem. In Jerusalem gibt es beim Schaftor einen Teich, zu dem fünf Säulenhallen gehören; dieser Teich heißt auf hebräisch Betesda. In diesen Hallen lagen viele Kranke, darunter Blinde, Lahme und Verkrüppelte. Dort lag auch ein Mann, der schon achtunddreißig Jahre krank war. Als Jesus ihn dort liegen sah und erkannte, daß er schon lange krank war, fragte er ihn: Willst du gesund werden? Der Kranke antwortete ihm: Herr, ich habe keinen Menschen, der mich, sobald das Wasser aufwallt, in den Teich trägt. Während ich mich hinschleppe, steigt schon ein anderer vor mir hinein. Da sagte Jesus zu ihm: Steh auf, nimm deine Bahre und geh! Sofort wurde der Mann gesund, nahm seine Bahre und ging.
(Joh 5, 1–9)

Mit der Kirche beten wir: »Gott, du ordnest alles mit Macht und Weisheit; Engeln und Menschen teilst du ihre Dienste zu. Gib, daß die Macht des Bösen nicht überhandnimmt, sondern sende deine heiligen Engel, die im Himmel vor dir stehen, in diese Welt, damit sie uns vor allem Unheil schützen.« Mit den Engeln sollen wir Gott dienen zur Erlösung und Heimholung der Welt. Dann schützt und heilt uns Gott unmittelbar oder mittelbar durch die Engel. Es ist immer nur Gott, der heilt und seinen Sohn als Heiland in die Welt gesandt hat. Jede Heilung weist uns auf das endgültige Heil und die Erlösung hin, ob sie durch Christus oder einen seiner Engel geschieht (Abb. Seite 21). Alles, was Stückwerk ist, was zwiespältig, zerrissen und gespalten ist, soll heil, also unversehrt und ganz werden, indem es eingefügt wird in die große, Glückseligkeit schenkende Lebensgemeinschaft mit Gott.
Da es sich um eine Glaubensentscheidung handelt, führen uns naturwissenschaftliche und philosophische Überlegungen nicht zum Ziel. Wir müssen uns an die Offenbarung Gottes halten, wie sie uns in der Bibel erreicht, und dabei die Schwierigkeiten der Auslegung in Kauf nehmen. Es ist nicht von der Hand zu weisen, daß »Engel« manchmal eine bloße Umschreibung für Gott ist und ihn als den Handelnden meint. Ebenso kann »Engel« für Menschen stehen, wie aus den Sendschreiben der Apokalypse (Kap. 1–3) hervorgeht. Die Bibel spricht in differenzierter Weise von den Engeln. Wo sie beim Namen genannt oder als »Engel des Herrn« bezeichnet werden, erst recht, wo Jesus selbst von ihnen spricht, will er darauf hinweisen, daß es sie tatsächlich gibt. Gleiches läßt sich vom Teufel und von den Dämonen sagen. Jesus spricht vom Teufel und warnt vor ihm; er selbst gibt sich als Helfer gegen die Dämonen und ihre Macht zu erkennen.
 Was auf die Menschen im Gericht wartet, hat unter den Engeln ein für alle-

mal stattgefunden: die Scheidung. Die Geister schieden sich an Gott und Jesus Christus. Wer sich so radikal wie diese geschaffenen rein geistigen Wesen von Gott abkehrt, muß von da an seinem ganzen Wesen nach böse sein und das Böse durchsetzen wollen. Gottes Gegenwart ist für ihn unerträglich. »Gestürzt wurde der große Drache, die alte Schlange, die Teufel und Satan heißt und die den ganzen Erdkreis verführt; der Drache wurde auf die Erde gestürzt, und mit ihm wurden seine Engel hinabgeworfen.«

Auch die Dämonen werden im Neuen Testament von Christus her gesehen. Wie die Engel Christus dienen beim Werk der Erlösung, so stemmen sich die Dämonen ihm mit aller Kraft entgegen. Sie haben in Freiheit ihre Entscheidung getroffen und Gott mit der Liebe auch den Gehorsam versagt. Die guten und die bösen Geister ringen nun darum, die Menschen auf ihre Seite zu bringen. In dieser Sicht bestärken mich die Engelfeste der Kirche mit ihren wohlüberlegten Gebetsworten und den mit großem Bedacht ausgewählten Stellen der Heiligen Schrift, die uns später noch begegnen werden.

Auf mich machen außer dem Vorgenannten die Visionen einen tiefen Eindruck. Jesaja sieht bei seiner Berufung die Herrlichkeit des Herrn, deren Glanz die über dem Herrn schwebenden geflügelten Serafim anschaulich machen. »Heilig, heilig, heilig ist der Herr der Heere. Von seiner Herrlichkeit ist die ganze Erde erfüllt«, rufen diese Serafim (Jes 6,3). Einem kleinen Menschen wird eine solch unerhörte Schau in die Welt Gottes geschenkt. Die Augen des Herzens werden geöffnet für eine Erhabenheit und einen Glanz, wie sie der Erde verborgen sind. Ein Licht, das wir uns nur millionenmal heller als die Sonne und wie Abermillionen Atomblitze zu denken vermögen, gleicht sich den Augen eines Menschen an, teilt sich einem Glaubenden mit und läßt ihn die innerste, die ungeschaffene Wirklichkeit, die alles Geschaffene unendlich übertrifft, in einer Vision erahnen. Furcht und Schrecken muß einen Menschen überkommen vor diesem ihn grenzenlos Überragenden. Zugleich kann er die Erfahrung einer in ihrer Innigkeit nie zuvor erlebten Freude machen, weil der erschreckend Große sich als vollkommen gut erweist. Den Seher von Patmos erblicken wir ebenso überwältigt von der Schau himmlischer Herrlichkeit, die schon als Widerleuchten auf dem Antlitz eines Engels zu kraftvoll für das gewöhnliche Fassungsvermögen eines Menschen ist. Menschen, die so tief blicken durften, sind ein Anruf an unseren Glauben. Auch in nachbiblischer Zeit schauten Menschen in Visionen die Engel des Himmels. Teresa von Avila spricht davon, und Hildegard von Bingen hat solche Visionen in »Wisse die Wege« aufgezeichnet. Wir lesen da von der Erschaffung, der Natur und der Aufgabe der Engel, daß sie beim Tod und beim Gericht der Menschen anwesend sind. Ein Gedicht Hildegards preist die Engel als Siegel der Geheimnisse Gottes. Es beginnt:

Fürsten der Ehre, lebendiges Licht!
Heilige Engel!

Indem wir uns von Engeldarstellungen der christlichen Kunst leiten lassen, wollen wir die Worte der Bibel und die Gebete der Kirche bedenken.

DIE BOTEN GOTTES

Die Engel treten vorwiegend als Überbringer einer Botschaft Gottes in unser Bewußtsein. »Engel« bedeutet in unserer Sprache »Bote«. Das Wort wurde nur leicht verändert aus dem Griechischen und Lateinischen in mehrere Sprachen übernommen und steht dort als spezielle Bezeichnung für die geschaffenen, rein geistigen Wesen des Himmels, weil diese zunächst als Boten Gottes ins Leben der Menschen treten. Selbstverständlich ist es nicht ausschließlich Sache der rein geistigen himmlischen Wesen, Boten Gottes zu sein. Gott ist an keine Instanzen gebunden. Mit Mose etwa spricht er unmittelbar und sendet ihn als seinen Bevollmächtigten zum Volk Israel. Ebenso erkennen wir in den Propheten die Boten Gottes. Bei etlichen von ihnen aber fällt uns auf, daß Engel im Auftrag Gottes den Propheten Weisungen geben. Daraus läßt sich schließen, daß die Scheu, Gott unmittelbar in die Handlung einzuführen, bei den biblischen Schriftstellern im Lauf der Zeit gewachsen ist.
Es wird uns in jedem Fall klar, daß die Botschaft von oben, von Gott, kommt, ob Gott sie nun direkt ins Ohr seines Propheten spricht oder durch einen Engel vermitteln läßt. Sie sind in keinem Fall erfunden, auch da nicht, wo sie als Bild der himmlischen Wirklichkeit dienen und die Anwesenheit Gottes bekunden. Ein Beispiel dafür bietet uns der Evangelist Lukas: Ursprünglich hören wir nur von einem Engel, der am leeren Grab verkündet, daß Christus auferstanden ist. Indem die Apostel die Botschaft des Engels weitersagen, rufen sie den Himmel zum Zeugen dafür an. Das paßt genau in

Ein Engel trägt die Hostie als Meßopfer zum Altar
Fresko, Anfang 11. Jahrhundert, Krypta St. Andreas, Fulda

Die Datierung auf das Jahr 1023 der 1932 wiederentdeckten Ausmalung der Krypta von St. Andreas, Fulda, stellt ein seltenes Beispiel relativ gut erhaltener Wandmalerei aus spätottonischer Zeit in Deutschland dar.
Nach Expertenmeinung beziehen sich sämtliche Figuren auf die Verbildlichung des Meßkanons. Alle Darstellungen finden ihre Ausrichtung zum Altar hin, auch der Engelfries erhält in diesem Zusammenhang seine Deutung.
Die Heroldsstäbe beglaubigen die Botenfunktion der Engel. Das Kreuz in der Scheibe bestätigt die geweihte Hostie, die der Gottesbote als Opfer zum Altar trägt.

Laßt euch als lebendige Steine zu einem geistigen Haus aufbauen, zu einer heiligen Priesterschaft, um durch Jesus Christus geistige Opfer darzubringen, die Gott gefallen.
(1 Petr 2,5)

die zeitbedingte Argumentation: Der erste Zeuge ist Gott, was sich daraus ergibt, daß sich hinsichtlich Jesu von Nazaret die Schrift erfüllt hat. An zweiter Stelle stehen die Apostel, weil sie den Auferstandenen gesehen und mit ihm gegessen haben. Zwei Zeugen sind zur Wahrheitsfindung nach jüdischem Recht erforderlich. Lukas tut dem Genüge, indem er zwei Engel am leeren Grab und nach der Himmelfahrt des Herrn erscheinen läßt. Diese beiden »Männer in weißen Gewändern« zeigen an, daß der Himmel die volle Bürgschaft für Christi Auferstehung übernimmt und daß dieses Zeugnis jedem menschlichen Gericht genügen muß.

Jesus ist der Bote aller Boten. Ihn sendet der Vater in die Welt, damit er den Menschen die frohe Botschaft von der Königsherrschaft Gottes verkündet und sie zum Glauben, dadurch aber zu Gott ins ewige Leben führt. Ihm kommt die Bezeichnung »Engel« zu, und es liegt nahe anzunehmen, daß Christus mit dem Engel, der bei der heiligen Messe die Opfergabe auf den himmlischen Altar vor die göttliche Majestät tragen soll (erstes Hochgebet), gemeint ist (Abb. Seite 27). Folgerichtig werden die Bischöfe der sieben Kirchen, an die der Seher von Patmos seine Sendschreiben schickt, als »Engel« bezeichnet. Für Christus nehmen sie als Bischöfe ihren Platz ein, sind von den Aposteln eingesetzt und helfen wie diese, die Sendung Christi zu erfüllen. Wie bei den Engeln des Himmels ist die ihnen von Gott zugewiesene Aufgabe auf Christus und die Erlösung der Menschen ausgerichtet. Darin besteht die Gemeinschaft der Engel Gottes und der Menschen, von denen jeder je nach Möglichkeiten und Fähigkeiten die Sendung Christi zum Heil der Welt miterfüllen soll. Den Christen werden die himmlischen Boten zu Leitbildern für die Weise, wie sie sich unter den Willen Gottes stellen und das Wort Gottes zu den Menschen bringen können.

Die bildende Kunst möchte unseren Blick dafür schärfen. Sie stellt Szenen dar, in denen der Ewige seine Hand auf einen Menschen in einer bestimmten geschichtlichen Stunde legt, und hilft uns, schauend unser Verständnis zu vertiefen. Von Gott gesandt, kommen die Engel zu den Menschen und überbringen ihnen eine besondere, im konkreten Augenblick entscheidende und das Leben des Angesprochenen verändernde Kunde. Zur Eigenart jeder göttlichen Botschaft gehört, daß sie nie nur einen einzelnen angeht, sondern für alle von Bedeutung ist. Der eine, auf den Gott durch den Engel seine Hand legt, soll zum Gehilfen Gottes für die vielen werden, soll zu ihnen sprechen und für sie handeln, damit sie sich seinen Worten und Taten gemäß auf Gott hin ausrichten. Am Kunstwerk läßt sich die Dramatik dieser Vorgänge zwischen Gott und den Menschen ablesen.

Abraham und Jakob

Abrahams Leben zeigt, wie sehr diese Beobachtung stimmt. Paulus nennt ihn den Vater der Gläubigen (Röm 4,11), weil er sich bedingungslos auf Gott eingelassen und ihm den schuldigen Glaubensgehorsam geleistet hat. Auf Gottes Geheiß hin verläßt er seine Heimat und hält sein Leben lang fest an der Verheißung Gottes mit dem Inhalt: aus Abraham wird ein großes Volk, und dieses Volk erhält von Gott ein Land. Abraham muß begreifen, daß hier einzig Gott am Werk ist; denn der Nachkomme, aus dem das Volk entstehen kann, wird dem Abraham aus seiner Frau Sara geboren, als diese infolge ihres Alters nicht mehr imstande ist, zu empfangen und zu gebären. Der Sohn Isaak wird den beiden von Gott gegeben und bleibt Gottes Eigentum.

Abraham opfert Isaak
Bemaltes Seitengewölbe, Holz, Mitte 17. Jahrhundert,
Kirche zur Hl. Dreifaltigkeit in Presseck, Kreis Kulmbach

Hier wird bewußt die Opferung Isaaks als Vorausbild der Passion Christi dargestellt, ebenso wie der bedingungslose Gehorsam Abrahams.
Abraham wird hier mit Gott verglichen, der seinen einzigen Sohn opfert. Isaak, der auf seinem Rücken das Holz zum Brandopferaltar schleppt, ist das Vorausbild des kreuztragenden Christus; der Widder seitlich im Dornstrauch erinnert an das Symbol des gekreuzigten Christus, der Felsenberg an den Tempelberg in Jerusalem.
Nach Augustinus ist das Neue Testament bereits im Alten Testament verborgen, und das Alte Testament findet im Neuen Testament seine Erfüllung.

Gott sprach:
Nimm deinen Sohn,
deinen einzigen, den du liebst,
Isaak,
geh in das Land Morija,
und bring ihn dort auf einem der Berge,
den ich dir nenne,
als Brandopfer dar.
(Gen 22,2)

ENES:XXII.

Abraham erkennt das an, geht dabei aber einen furchtbaren Weg, indem er seinen Sohn töten und ihn Gott zum Opfer darbringen soll. Den Anspruch Gottes auf Isaak versteht Abraham so, daß Gott das Leben Isaaks von ihm fordert. Menschenopfer kamen in der Geschichte, besonders im Altertum, immer wieder vor. Aus der Sicht der Menschen konnte Gott nichts Wertvolleres angeboten werden als das Leben eines Menschen, und deshalb töteten sie ihn stellvertretend für viele andere, um ihn Gott zu opfern und ihn dadurch gnädig zu stimmen. Eine Gabe wurde nur dann zum Opfer, wenn das Dargebotene vernichtet und dadurch der Verfügung des Menschen entzogen wurde. Lebendes mußte getötet werden. Gott gab sich oft mit Tieren als stellvertretende Opfergaben zufrieden. Sie genügten, um Gott zu zeigen, daß der Opfernde Gott als den Herrn anerkannte, indem er einen Teil seiner Habe darbrachte. Mit äußerster Konsequenz erwies der Mensch seine Verehrung und seinen Glaubensgehorsam jedoch nur dadurch, so glaubte man, daß er ihm seinesgleichen zum Opfer darbrachte.
Diese Gedanken bewegen Abraham. Er ringt sich dazu durch, Gott sein Liebstes und Wertvollstes, seinen Sohn, zu opfern, um seinen Gehorsam durch diese Tat auszudrücken. Der Glaube Abrahams steht dabei unter einer Zerreißprobe. Aus menschlicher Sicht verlangt Gott Unmögliches: Er will den Sohn haben und zugleich Abrahams Glauben an die Verheißung, die durch den Tod des Sohnes nichtig wird. Abraham verläßt sich in diesem Dilemma auf Gott, und der weist ihm durch seinen Engel den Weg (Seite 31). Er soll nicht das Schicksal Isaaks bestimmen, indem er ihn tötet. Vielmehr soll er ihn Gott schenken, ihn leben lassen und für Gott freigeben, damit dieser über ihn verfügen kann auf dem Weg, auf dem Gottes Heil und Herrlichkeit zu den Menschen kommt.

Offensichtlich war Abraham Gott schon sehr nahegekommen, als er ihm im Glauben vertraute, sonst hätte er den inneren Zwiespalt nicht durchtragen und Gott die Treue bewahren können. Doch bedarf es im kritischen Moment des Eingriffs eines Engels, der die Weisung von oben bringt und den rechten Weg aufzeigt.
Gewiß kennen wir ähnliche Erfahrungen, etwa im Gebetsleben. Halten wir uns dabei nicht meistens an der Zusage Jesu fest, der Vater erhöre unser Gebet und gebe uns, worum wir ihn im Namen Jesu bitten? Erfüllen sich dann unsere Bitten nicht, meldet sich der Zweifel an der Verläßlichkeit Gottes, oder wir resignieren und denken, unser Gebet tauge vor Gott nichts. Auf einmal aber ergeht es uns wie Abraham, es fällt uns wie Schuppen von den Augen – wir sehen. Gott tut uns, nicht selten durch einen Engel, die Augen auf und zeigt uns, daß er uns gehört hat und auf seine Weise auf unser Gebet eingegangen ist.
Mein Vater hat 1945 in einem Kriegsgefangenenlager inständig gebetet, daß er als Kranker mit einem Trupp anderer in ein Entlassungslager gebracht werde. Trotz aller Gebete blieb er im Stammlager, wurde kuriert und ein halbes Jahr später entlassen. Da erfuhr er, daß von jenem Trupp, dem er überaus gern angehört hätte, kaum mehr einer am Leben war. Diese Nachricht machte tiefen Eindruck auf ihn; im Herzen blieb er von da an wacher für den Anruf Gottes und bereiter für die auf ihn wartenden Aufgaben, wie auch Abraham nach dem Erlebnis mit dem Engel offener noch als zuvor blieb für die Führung durch Gott.
An Abrahams Enkel Jakob, dessen Söhne die Stammväter des verheißenen Volkes wurden, geht uns Gottes Handeln noch weiter auf. Gott schreibt gerade auch auf krummen Linien, sagt ein portugiesisches Sprichwort. An Ja-

Jakobsleiter
Emporengemälde, um 1700, von Gabriel Schreyer,
Kirche St. Erhard und Jakob in Rugendorf, Kreis Kulmbach

Diese Kirche ist ausgeschmückt mit Tafelbildern auf Holz, Tempera, in ornamental bemalten Rahmungen an sämtlichen Emporenbrüstungen.
Barocke Felderdecken und Emporenmalereien finden sich vor allem in evangelischen Gotteshäusern, in katholischen Kirchen stellen diese die Ausnahme dar. Diese Art der Gestaltung trägt meist handwerkliche Züge, bestimmt aber entscheidend den künstlerischen Gesamteindruck der Kirchenräume.
Die himmlische Heerschar vereinigt sich zur ununterbrochenen Kette und bekräftigt gleichzeitig den Sendbotenauftrag der Verbindung zwischen Himmel und Erde.
Schon im Mittelalter benutzte man oft das Symbol der Leiter, um den mühsamen Kampf des Christen gegen feindliche Mächte und Satan darzustellen, daraus entstand die Vorstellung der Tugendleiter.

Da hatte er einen Traum: Er sah eine Treppe, die auf der Erde stand und bis zum Himmel reichte. Auf ihr stiegen Engel Gottes auf und nieder. Und siehe, der Herr stand oben und sprach: Ich bin der Herr, der Gott deines Vaters Abraham und der Gott Isaaks. Das Land, auf dem du liegst, will ich dir und deinen Nachkommen geben. Deine Nachkommen werden zahlreich sein wie der Staub auf der Erde. Du wirst dich unaufhaltsam ausbreiten nach Westen und Osten, nach Norden und Süden, und durch dich und deine Nachkommen werden alle Geschlechter der Erde Segen erlangen. Ich bin mit dir, ich behüte dich, wohin du auch gehst, und ich bringe dich zurück in dieses Land. Denn ich verlasse dich nicht, bis ich vollbringe, was ich dir versprochen habe. Jakob erwachte aus seinem Schlaf und sagte: Wirklich, der Herr ist an diesem Ort, und ich wußte es nicht. Furcht überkam ihn, und er sagte: Wie ehrfurchtgebietend ist doch dieser Ort! Hier ist nichts anderes als das Haus Gottes und das Tor des Himmels.
(Gen 28,12–17)

kob sehen wir, daß dies stimmt. Jakob ist listig und geht krumme Wege, verschafft sich das Erstgeburtsrecht, erschleicht sich den Segen des Vaters und legt seinen Onkel Laban herein. Bei allem aber ist Jakob aus einem Holz, aus dem Gott den rechten Mann schnitzen kann. Jakob eignet sich für Gott und läßt es zu, daß dieser ihn wandelt, um ihn so für seine Ziele einsetzen zu können. Trotz allem, was unser gerader Sinn bei Jakob an krummen Dingen ablehnt, finden wir bei ihm die Bereitschaft, auf Gott zu hören und sich in Treue an ihn binden zu lassen. Darum ist Gott mit ihm und gibt ihm durch den Traum von der Himmelsleiter, auf der die Engel auf- und niedersteigen, zu erkennen, daß er die Wege Jakobs mitgeht und schließlich in die Wege Gottes einmünden läßt (Abb. Seite 34). Jakob braucht diese Zusage von oben, steht er doch erst am Anfang und muß als Flüchtling, der den Zorn des hintergangenen Bruders fürchtet, sein Leben und Heil in der Fremde suchen. Daß ihm dies glückt und er sowohl eine große Familie als auch beträchtliche Herden sein eigen nennt, ist für ihn das Zeichen, daß Gott in seinem Leben wirksam anwesend ist. Seine innere Reife scheint allerdings in der Zeit, in der er bei Laban arbeitet, heiratet und ein Vermögen erwirbt, nicht recht Schritt zu halten mit dem äußeren Wohlstand.

Wir könnten eine Parallele zu unserer Gegenwart sehen. Die innigen Gebete der Kriegs- und Nachkriegszeit um Gottes sichtbares Eingreifen zu unseren Gunsten sind seltener geworden, weil wir unsere Aktivität einseitig auf den äußeren Bereich gelegt haben und beim Erwerb irdischer Güter und Positionen erfolgreich waren. Offensichtlich ruhte der Segen Gottes auf unserer Arbeit, auch wir hätten die Engel auf- und niedersteigen sehen können. Plötzlich erkennen wir, daß all unser Hab und Gut uns nur wichtig war, weil es unsere Tüchtigkeit dokumentierte, ohne Glück auf Dauer zu bringen.

Jakobs Stunde kam, als er völlig allein war und seinen Besitz, den er durch seinen Bruder Esau bedroht sah, in Marsch gesetzt hatte. In der Stunde der Furcht, die alles Erreichte in Frage und Jakob auf sich allein stellte, rang Jakob die ganze Nacht mit einem Engel und hielt ihm stand.
Hier ist in ein Bild gebracht, was in Jakob vorging. Betend rang er mit Gott und rang sich durch zu tieferem Glauben und Vertrauen, wie es nötig war, wenn er den von Gott bestimmten Weg weitergehen sollte. So sollten auch wir unsere Stunde wahrnehmen, Distanz schaffen zu allem, was uns an Besitz und persönlicher Bedeutung wichtig ist, und in der Gemeinsamkeit mit Gott hörend und betend die uns von ihm zugedachte innere Form empfangen, auch wenn er uns weh tun und manches nehmen muß. Er wird unser Leben auf das Eigentliche ausrichten, auf die fortwährende Teilnahme an seinem Leben, das uns erfüllt und vollendet für immer. Wenn wir wie Jakob zum Gottesstreiter, zu Israel, werden und mit dem Bruder Frieden schließen, verschaffen wir dem Frieden Gottes und seiner Treue einen Zugang in unsere Welt mit den vielen, am sinnlos scheinenden Dasein verzweifelnden Menschen.

Jesaja

Jahwe erwies sich an Israel als der getreue Gott, der sein Wort einlöst. Aus Israel wurde ein großes Volk, und dieses lebte im verheißenen Land in der Überzeugung des dauernden Beistandes Jahwes. Dieser schien jedoch nicht selten ein Hindernis für die Entfaltung des Volkes zu sein, das Beispiel der heidnischen Nachbarvölker war verlockend. Israel ließ sich anstecken und

Die Berufung des Propheten Jesaja
Bemaltes Holztonnengewölbe, Mitte 17. Jahrhundert,
Kirche zur Heiligen Dreifaltigkeit in Presseck, Kreis Kulmbach

Jesaja ist der am häufigsten abgebildete Prophet des Alten Testamentes wegen seiner Weissagung des kommenden Messias Immanuel, der sein Volk erlösen wird.
Dargestellt ist die Vision des Propheten. Ein Engel schwebt vom Himmel herab, um mit glühender Kohle seine Lippen zu berühren, damit alles Böse von ihm genommen sei und er seinen Auftrag erkennt, sein Volk aus Trägheit und Wunschdenken herauszureißen und ihm die Wirklichkeit vor Augen zu stellen.

Da flog einer seiner Seraphim zu mir,
er trug in seiner Hand eine glühende Kohle,
die er mit einer Zange vom Altar genommen hatte.
Er berührte damit meinen Mund und sagte:
Das hier hat deine Lippen berührt,
deine Schuld ist getilgt,
deine Sünde gesühnt.
Danach hörte ich die Stimme des Herrn, der sagte:

Wen soll ich senden?
Wer wird für uns gehen?
Ich antwortete: Hier bin ich, sende mich!
(Jes 6,6–8)

brach damit seinem Gott die Treue. Er mahnte das Volk durch die Propheten zur Treue und wollte es zurückführen. Einer der wortgewaltigen Gesandten Gottes war Jesaja. In einer Vision durfte er die Herrlichkeit Gottes schauen und kam sich vor diesem unermeßlichen Gott so entsetzlich klein vor, daß er es nicht wagen konnte, im Namen dieses Gottes zu den Menschen zu sprechen.

Gott, der sendet, gibt seinem Boten mit der Vollmacht auch die Kraft. Bei seiner Berufung wird Jesaja dieser Tatsache inne. Was Jesaja an Mut und Kraft, Erkenntnis und Gewalt des Wortes bedarf, empfängt er von oben, übermittelt von einem der Serafim. Mit glühender Kohle berührt der des Propheten Mund, und dabei erfüllt die Glut des göttlichen Geistes den Seher, der zum Sprachrohr Gottes werden soll. Er verurteilt von da an die Untreue des Volkes, kündigt deren schlimme Folgen an, ruft das Volk zur Umkehr auf und stellt in wundervollen Bildern das von Gott kommende endgültige Heil dar. Der Engel läßt erkennen, daß Gott den Menschen, den er braucht, wandelt und zum Dienst als Boten befähigt. Gott bekundet darin seine Größe und wunderbare Macht. Es bringt uns in tiefes Erstaunen, wie er die Menschen formt und was er aus ihnen macht. Unsere eigene Zaghaftigkeit dürfte nicht bestehen bleiben, nachdem uns eine Erfahrung dieser Art begegnet und wir innewerden, daß Gott wirklich jenen, die für ihn den Mund auftun, die Gabe der Sprache samt dem Mut dazu gibt. Das Bild des Jesaja bei seiner Berufung (Abb. Seite 39) kann uns Mut machen, uns in den geistigen Auseinandersetzungen unserer Zeit, wo es um Glauben und das Leben nach den Weisungen Gottes geht, zu äußern und Stellung zu beziehen, und sei es auch bloß im Kreis unserer Familie oder der Freunde und Bekannten. Wir wissen, daß wir manchmal furchtsam schweigen, wo wir zu reden hätten und uns zu unserem

Glauben bekennen sollten. Es stärkt uns den Rücken, zu sehen, daß Gott mit dem Auftrag auch die Befähigung gibt.
Für Gott zu reden vermag allerdings nur, wer zuvor reiflich auf Gott gehört hat. Diese Einsicht wird uns immer wieder begegnen. Nur der hörende Mensch ist offen für den Einbruch der übernatürlichen Welt in seinen Bereich, nur der Hörende erkennt den Engel und seine Stimme und läßt sich auf die Begegnung, wenn nötig wie Jakob auf den Kampf ein. Auch Jesaja überläßt sich Gott nicht ohne weiteres; er fühlt sich verloren und hat unreine Lippen. Durch den Engel nimmt ihm Gott alle Einwände, und Jesaja gehorcht. Gottes Feuer reinigt nicht bloß die Lippen, es verzehrt im Menschen alles, was unrein ist, so daß das Innere dieses Menschen mit Gott übereinstimmen kann. Jesaja hat diesen Einklang erfahren und war dadurch imstande, das Friedensreich Gottes in den uns bekannten großartigen Bildern darzustellen und als Gabe Gottes, die uns Gott zukommen läßt, zu verkünden.

Verkünder des Messias

Die Bilder des Friedens im Buch des Propheten Jesaja müßten die Augen der Menschen des 20. Jahrhunderts, in dem fast ununterbrochen in vielen Teilen der Welt Kriege toben und Gewalttaten geschehen, aufleuchten lassen, das Wort vom Friedensmessias sollte offene Ohren und Herzen finden. Ob es so ist, hängt von ihren Friedensvorstellungen ab. Wer erst dann, wenn er sich gegen Andersdenkende durchgesetzt hat, den Frieden für möglich hält, wird mit dem Messias Gottes nicht übereinstimmen. In Einklang mit ihm wird nur

Verkündigung an Maria
Halbrelief, 13. Jahrhundert, Dom zu Bamberg

Der Erzengel Gabriel gilt als Verkündigungsengel und Vorbote des Heiligen Geistes, sein Platz ist vor Gottes Thron.
Bei der Prophezeiung der Geburt Johannes des Täufers gibt er sich Zacharias gegenüber zu erkennen mit den Worten: »Ich bin Gabriel, der vor Gott steht, und ich bin gesandt worden, um mit dir zu reden und dir diese frohe Botschaft zu bringen« (Lk 1,19).
Frontal stehen sich Maria und Gabriel gegenüber. Maria trägt die Krone der Himmelskönigin. Ernst nimmt sie die schwere Berufung, die ihr der Erzengel Gabriel mitzuteilen hat, entgegen.
Zur Bestätigung der Engelsbotschaft schwebt der Heilige Geist als Taube vom Himmel herab.
Anordnung und Haltung von Maria und Gabriel bis zur Gliederung der Gewandfalten betonen die feierliche Bedeutung der Ankündigung der Geburt des Gottessohnes.
Dieses Relief zwingt den Betrachter zur Sammlung und zum Nachdenken, zum Stillwerden und Hören auf die Botschaft von der Menschwerdung Christi.
Hier klingt nicht die Lieblichkeit und Freude des volkstümlichen Gloriaengels an, wie er 200 Jahre später im Regensburger Dom entstand.

Der Engel trat bei ihr ein und sagte: Sei gegrüßt, du Begnadete, der Herr ist mit dir. Sie erschrak über die Anrede und überlegte, was dieser Gruß zu bedeuten habe. Da sagte der Engel zu ihr: Fürchte dich nicht, Maria, denn du hast bei Gott Gnade gefunden. Du wirst ein Kind empfangen, einen Sohn wirst du gebären; dem sollst du den Namen Jesus geben. Er wird groß sein und Sohn des Höchsten genannt werden. Gott der Herr wird ihm den Thron seines Vaters David geben.
(Lk 1,28–32)

kommen, wer ihn kennenlernt und Vertrauen zu ihm gewinnt. Dies wird möglich aufgrund der Worte des Propheten und der Engel, die den Messias verkünden.

Der Erzengel Gabriel kommt als Bote Gottes zu Maria und sagt, sie werde die Mutter Gottes (Seite 43). In Maria findet er eine Frau, die wie kein zweiter Mensch auf Gott eingegangen und von Gott für die Gottesmutterschaft geformt ist. Ihr Glaube ist so groß, ihre Liebe so tief, daß sie sich auf der Stelle voll und ganz in den Dienst Gottes stellt. Gott offenbart ihr von dem Sohn Jesus, den sie zur Welt bringen soll, daß er der Anfang der neuen Schöpfung, ja die neue Schöpfung selbst ist. Jesus steht in Parallele zu Adam, dem ersten Menschen, der durch kein Elternpaar gezeugt, sondern durch einen neuen Schöpfungsakt Gottes im Laufe der Schöpfungsgeschichte ins Dasein trat. So kommt auch Jesus durch einen eigenen, neuen Schöpfungsakt zur Welt; er steht nicht in der langen Reihe der Geschlechter von Adam her und hat keinen irdischen Vater, sondern verdankt Gott als seinem Vater unmittelbar das Leben (Lk 1,26–38). Der Engel kennt das Geheimnis Jesu, des Gesalbten und Gesandten Gottes, und teilt es zuerst der Frau mit, die seine Mutter werden soll. Danach offenbart ein Engel dem Pflegevater Josef im Traum dieses Geheimnis, und Josef, der zweifelsohne wie Jakob mit Gott im Gebet gerungen hat und tief in den Glauben hineingewachsen ist, übernimmt klaglos die Sorge für den Sohn Gottes und die Jungfrau Maria. So sehr ist er bereit, daß er der Weisung des Engels augenblicklich folgt, aufsteht, mit dem Kind und seiner Mutter nach Ägypten flieht und auf Geheiß des Engels zurückkehrt. Bei Maria und Josef erkennen wir eine Bereitschaft zum Dienst für Gott, wie sie sonst nur den Engeln eigen zu sein scheint.

44 Einem Königshof gleicht der Himmel bei der Geburt Jesu. Der Neugeborene

wird von einem himmlischen Boten ausgerufen und von der himmlischen Schar besungen (Abb. Seite 47). So war man es in irdischen Königreichen gewohnt. Boten brachten die Kunde von der Geburt des Königssohnes in das ganze Land, damit alle im Reich dem Königssohn huldigten. Von der himmlischen »Hofstatt« ergeht die Botschaft jedoch nicht unmittelbar an alle Welt, die es doch angeht, weil ihr Erlöser geboren ist; der Bote Gottes kommt nur zu den Hirten auf dem Feld.

Die Offenbarung der Geburt Jesu und seines Messias-Königtums ist nötig, weil ohne das offenbarende Wort das Zeichen, nämlich das in Windeln gewickelte und in der Krippe liegende Kind, unverständlich bleibt. Der Engel muß es kundtun: Das Kind in der Krippe ist der Messias, den die Propheten vorausgesagt und die Gläubigen vieler Jahrhunderte mit Sehnsucht erwartet haben. Dieser Messias ist als der Retter geboren und wird erfüllen, was Gott an rettenden Taten seinem Volk versprochen hat. Daß der Engel sich an die Hirten wendet, unterstreicht für alle, die mit der Bibel vertraut sind, daß das Kind in der Krippe der Messias ist. Der Engel nennt den Namen Davids, des Stammvaters des Messias. David aber war Hirte und wurde als Hirte von Gott zum König erhoben. Das Kind aus dem Hause Davids, der Gesalbte Gottes, wird noch mehr erhoben werden und als Messias am Königtum Gottes teilhaben. Unter David strahlte das Königtum Israels, seine Herrschaft war mächtig, Israel war von Bedeutung. Verheißen ist durch den Propheten Micha (4, 8), daß der »schützende Turm für die Herde«, die »Felsenhöhe der Tochter Zion« die Herrschaft wie früher erhalten wird und daß das Königtum wieder zur Tochter Zion kommt. Dies wird durch die Herrschaft des Messias geschehen. Einem Hirten gleich wird er sein Volk weiden. Gott, der der eigentliche Hirte und König ist, hat ihn zum Hirten eingesetzt, weil die

Verkündigung an die Hirten
Gusdorfer Chorschranke, 12. Jahrhundert, jetzt Rheinisches Landesmuseum, Bonn

In Palästina lebten Hirte und Herde ständig zusammen. Die Tiere stellten meist den einzigen Besitz dar. Der Hirte suchte in der Steppe nach den mageren Weideplätzen und Wasserstellen für seine Herde und mußte diese bei Dunkelheit vor Raubtieren bewahren.
Zwar zählten in der jüdischen Gesellschaft Hirten und Frauen zur Unterschicht ohne bürgerliche Rechte, aber trotzdem kannten sie als Söhne Israels die Verheißung des Messias, der sein Volk erlösen und den Frieden bringen wird.
Vermutlich haben sich die Hirten während der langen Stunden der Nachtwache manchmal auch über die Prophezeiung an Israel in der gegenwärtig aussichtslosen Lage eines von römischen Soldaten besetzten Landes unterhalten.
Plötzlich, mitten in der Nacht, umgeben vom überirdischen Lichtschein, spricht ein Engel sie an.
Wie stets ist der von der Engelsbotschaft betroffene Mensch durch den »Einbruch von Gottes Klarheit«, wie die Bibel dies umschreibt, zu Tode erschrocken. »Sie fürchteten sich sehr«, berichtet Lukas.
Der Engel überbringt die Geburtsanzeige des Weltenheilands, wie sie uns aus dem Weihnachtsevangelium vertraut ist. Für kurze Zeit öffnet sich dabei der Himmel mit der »Menge der himmlischen Heerscharen«.

Als die Engel sie verlassen hatten und in den Himmel zurückgekehrt waren, sagten die Hirten zueinander: Kommt, wir gehen nach Betlehem, um das Ereignis zu sehen, das uns der Herr verkünden ließ. So eilten sie hin und fanden Maria und Josef und das Kind, das in der Krippe lag. Als sie es sahen, erzählten sie, was ihnen über dieses Kind gesagt worden war. Und alle, die es hörten, staunten über die Worte der Hirten. Maria aber bewahrte alles, was geschehen war, in ihrem Herzen und dachte darüber nach. Die Hirten kehrten zurück, rühmten Gott und priesen ihn für das, was sie gehört und gesehen hatten; denn alles war so gewesen, wie es ihnen gesagt worden war.
(Lk 2,15–20)

Der Engel am Grabe
Gusdorfer Chorschranke, 12. Jahrhundert, jetzt Rheinisches Landesmuseum, Bonn

Diese Chorschranke stammt aus der ehemaligen Stiftskirche St. Maria ad gratus (St. Mariengraden) in Köln. Als zusammengefügte Einzelplatten umgaben sie den Altar, unmittelbar vor dem erhöhten Chor. Ursprünglich waren die Einzeltafeln in U-Form angeordnet. Rechts und links flankierten je sechs Apostel den thronenden Christus, dessen Darstellung in dieser Form einzigartig im Mittelalter ist. Dreifach betonte Würde, als Weltenrichter durch Sol und Luna (Sonne und Mond), als Lehrer durch das Buch des Lebens und als Priester durch die Stola beglaubigt, bildet der Gottessohn die Zentralfigur. Die linke Seite ist der Madonna mit dem Jesuskind, den Drei Königen und der Verkündigung an die Hirten gewidmet. Die rechte Seite bildet den Abschluß (sie ist die am besten erhaltene Figurengruppe) mit den drei Frauen am Grabe und dem Engel. Die durch Rundbogen oder Kleeblattarkaden gegliederten Figuren wiesen ursprünglich die in der Romanik übliche Bemalung auf.
Kein Mensch war Zeuge der Auferstehung des Herrn, auch nicht die schlafenden Wächter am Grabe. Übereinstimmend berichten die vier Evangelisten die Tatsache: das Grab war leer. Das in Falten gelegte Leintuch bedeutet das leere Grab am Ostermorgen. In der dreibogigen Arkade versteckt sich die Zahl Drei, ein Hinweis auf die Dreieinigkeit. Der dadurch wie mit einem Rahmen hervorgehobene Engel weist mit dem erhobenen Zeigefinger der rechten Hand auf seine himmlische Herkunft hin und betont damit die Wichtigkeit der ihm aufgetragenen Botschaft der Auferstehung des Herrn, die er den verstörten und erschreckten Frauen mitteilen muß. Der Heiligenschein beglaubigt ihn als Himmelsboten.
Die trauernden Frauen waren ihrem Meister von Galiläa nach Jerusalem gefolgt. Sie erlebten seine Wunder und den begeisterten Einzug in die Heilige Stadt. Von ferne sahen sie seine Kreuzigung und den Todeskampf. Auch sie hatten mit den Jüngern gehofft, dieser Mensch sei der Messias, der sein Volk Israel erlösen würde. Und dann kam das schreckliche Ende. Als letzten Beweis ihrer Verehrung wollen sie den Leichnam ihres Herrn mit Balsam salben.
Nach dem Mattäusevangelium sehen sie, am Grabe angelangt, »einen Engel wie einen Blitz« vom Himmel herabfahren, gekleidet in ein Gewand »weiß wie Schnee«.
Die Engelsbotschaft zu Beginn und Ende des Erdenlebens von Gottes Sohn richtete sich an einfache Menschen. Hirten und Frauen galten nach jüdischem und römischem Recht vor Gericht nicht als Personen im Sinne des Gesetzes, sie waren nicht zeugnisfähig. Gerade ihnen verkündigten Gottes Boten den Einbruch der Ewigkeit in unser begrenztes irdisches Dasein.

Wenn es keine Auferstehung der Toten gibt, ist auch Christus nicht auferweckt worden. Ist aber Christus nicht auferweckt worden, so ist unsere Verkündigung leer und euer Glaube sinnlos.
(1 Kor 15, 13 f)

früheren Hirten sich als untauglich erwiesen (Ez 34,1–22). Der gute Hirte wird die Herde Gottes so weiden wie Gott selbst. Hirtentum und Königtum sind bei ihm eins, wie dies in früheren Zeiten bei den Stammesfürsten der Fall war. Als Fürsten und Hirten suchten sie gutes Weideland für die Herde und sorgten dadurch für die Lebensgrundlage ihres Stammes. Auf vergleichbare Weise darf Israel vom Messias und Hirten Gottes erwarten, daß er ihm das Leben garantiert. Jesus bekennt sich als der wahre, gute Hirte und ist bereit, sein Leben für die ihm Anvertrauten hinzugeben (vgl. Joh 10,1–18).

Leben mit und durch den Messias Gottes? Ja, Jesus, der Messias, läßt alle, die glauben, an seinem Leben teilnehmen. Wer auf ihn hört und sich für ihn entscheidet, wird in die Schicksalsgemeinschaft mit ihm aufgenommen und geht mit ihm den Weg des Kreuzes. Leiden und Sterben verbinden den Jünger Jesu mit seinem Herrn, und die Gemeinschaft mit ihm endet nicht im Tod, weil Jesus von den Toten auferstanden ist und die Seinen von den Toten auferwecken wird. Dieser Glaube rettet die Christen. Es klang schon oben an, daß der Glaube an Christus den Gekreuzigten und Auferstandenen auf dem Zeugnis der Apostel beruht und daß die Apostel vor allem Gott als Zeugen der Auferstehung nennen. Gott sendet seinen Engel mit der Botschaft: Jesus, der Gekreuzigte, ist auferstanden! (Mt 28,5f). Auf dem Antlitz des Engels und in seiner gesamten Erscheinung liegt der Ausdruck von Hoheit, Erhabenheit und Mächtigkeit, wie sie dem himmlischen Boten zukommt. Die Wächter fallen vor dem Glanz des Engels wie tot zu Boden; die zum Grab kommenden Frauen geraten in Schrecken, bis sie die Botschaft erreicht und bei ihnen Glauben findet (Abb. Seite 49).

Der Glaube verbindet mit Christus. Wer glaubt, wird durch die Taufe in die Gemeinschaft mit Christus aufgenommen und bildet mit ihm und allen Glaubensschwestern und -brüdern das heilige Volk Gottes, die Kirche, die das Schicksal ihres Herrn teilt. Die christlichen Künstler zeigen an ihren Szenen, daß die Engel Christus in seinem Erlösungswerk über die Himmelfahrt hinaus dienend umgeben. Beispiele dafür sind der Traum des heiligen Martin (Abb. Seite 53) und der Taufengel (Abb. Seite 56).

Diesen Taufengel können wir als Gegenpol sehen zu den Kerubim, die am Tor des Paradieses wachen (Abb. Seite 55). Sie lassen keinen Zweifel daran, daß der Zugang zum Baum des Lebens für den Menschen versperrt ist und er die Gemeinschaft mit Gott verloren hat, weil er sein eigener Herr sein und selbst über sich bestimmen will mit dem Argument, er müsse schließlich am besten wissen, was für ihn gut sei und zum Glück führe. Diese Einstellung macht Frieden unmöglich. Wer meint, sich gegen Gott stellen und selbst verwirklichen zu müssen, wird sich auch gegen seine Mitmenschen durchsetzen wollen und dazu Gewalt gebrauchen. In die Welt bringt der Mensch nur dann Frieden, wenn er sich von Gott durch die Sündenvergebung Frieden schenken läßt. Vergebung und Frieden schenkt der Herr durch das Sakrament der Taufe und gewährt Anteil am göttlichen Leben. Der Taufengel steht also am Tor zum Leben, in das eingehen darf, wer an Christus glaubt und sein Schicksal teilen will. Auf Christi Tod wird er getauft und auferstehen, wie Paulus sagt (Röm 6,3 f). In der Taufe muß der alte Mensch, der alle Karten auf seine eigenen Fähigkeiten und Besitztümer setzt und Gott entbehren zu können meint, sterben; ein neuer Mensch geht aus der Taufe hervor und soll seiner christlichen Gesinnung entsprechend in dieser Welt leben. Dann wird sich zeigen, daß der Glaube der Weg mit Christus ist.

Dieser Weg muß gegangen werden, damit unser Leben christlich geformt wird aus dem Glauben. Konkret heißt dies: Wer den Frieden liebt, muß seine

Der Traum des heiligen Martin
Chorschranke aus dem Kloster Neustadt am Main, Ende 12. Jahrhundert,
jetzt Mainfränkisches Museum Würzburg

Der beliebteste Heilige Europas, der heilige Martin von Tours, Beschützer aller Bedrängten und Verfolgten, wurde 316 in Ungarn geboren. Mit fünfzehn Jahren mußte er seinen Militärdienst ableisten und diente bei der römischen Reiterei in Gallien.
Die Legende erzählt von einem frierenden Bettler, der an einem kalten Winterabend am Stadttor von Amiens den Reiter anfleht. Um den Bettler vor dem Erfrieren zu retten, trennt Martin kurzentschlossen mit einem Schwerthieb seinen weiten Reitermantel in zwei Teile.
In der folgenden Nacht erscheint ihm Christus im Traum, von Engeln umgeben, und zeigt auf das abgetrennte Mantelstück. »Martinus, der noch nicht getauft ist, hat mich bekleidet.«
Nach dreijähriger Dienstzeit verläßt Martin das Militär und läßt sich von Bischof Hilarius in Poitiers taufen.
Die Bezeichnung Kapelle für die Palastkirchen der Vorgänger Karls des Großen und die der amtierenden Geistlichen als »capellani« wird auf die in Paris aufbewahrte Mantelreliquie des heiligen Martin (Mantelcappa) zurückgeführt.

Was ihr für einen meiner geringsten Brüder getan habt, das habt ihr mir getan.
(Mt 25,40)

Vertreibung aus dem Paradies
Bronze, Anfang 11. Jahrhundert, Bernwardstür am Dom zu Hildesheim

Die Szene der Verstoßung aus dem Paradies zeigt den Engel, wie er das erste Menschenpaar, Adam und Eva, hinausweist, gleichzeitig deutet er in die künftige Wegrichtung. Die rechte Hand ist abgebrochen, das Schwert verstümmelt. In der Haltung unterscheiden sich Mann und Frau. Rechts erkennt man in Umrissen ein Gebäude, einer romanischen Kirche ähnlich. Der Mensch tritt aus der gewachsenen in die gemachte Welt hinaus, aus der von Gott erschaffenen in die vom Menschen konstruierte.

Gott der Herr schickte ihn aus dem Garten von Eden weg, damit er den Ackerboden bestellte, von dem er genommen war. Er vertrieb den Menschen und stellte östlich des Gartens von Eden die Kerubim auf und das lodernde Flammenschwert, damit sie den Weg zum Baum des Lebens bewachten.
(Gen 3,23–24)

INC MXV B EP DIV MEM HAS VALVAS FVSI

Taufengel
Mitte 18. Jahrhundert, Pfarrkirche Simon und Judas in Marlesreuth, Kreis Hof

Dieser fast lebensgroße Taufengel schwebt rechts neben dem Altar der kleinen Dorfkirche in Marlesreuth im Frankenwald. Der Hofer Bildhauer Wolfgang Adam Knoll hat ihn 1742 geschnitzt. Im Sechsämterland des Fichtelgebirges und der Hofer Umgebung wurden diese Taufengel früher mit Stricken an der Kirchendecke befestigt und zur Taufhandlung herabgezogen. Jean Paul, ein Sohn des Fichtelgebirges, setzte ihnen in seinen Erzählungen ein Denkmal.
In der eindrucksvollen äußeren Erscheinung des Taufengels klingt die christliche Symbolik an, eingeordnet in die Zeitströmung des Barock.
Mit flatterndem Gewand eilt der Engel zur Erde nieder, auch seine Kleidung verkündet seine himmlische Herkunft. In der Goldfarbe des überirdischen Lichtes schimmert das Obergewand, das Unterkleid rot im Glanz der himmlischen Heimat. Die linke Hand zum Segen erhoben, betont sie die Worte des Engelgrußes: »Fürchte dich nicht!«, die rechte trägt die Muschel als Taufschale. Seit den Tagen des frühen Christentums galt die Muschel als Gleichnis für die Auferstehung, das Grab, aus dem der neue Mensch verwandelt hervorgehen wird, und gleichzeitig ist sie ein Hinweis auf die Taufe als Wiedergeburt des neuen Menschen.

Wißt ihr denn nicht, daß wir alle, die wir auf Christus Jesus getauft wurden, auf seinen Tod getauft worden sind? Wir wurden mit ihm begraben durch die Taufe auf den Tod; und wie Christus durch die Herrlichkeit des Vaters von den Toten auferweckt wurde, so sollen auch wir als neue Menschen leben.
(Röm 6,3f)

privaten Kleinkriege aufgeben, muß aufhören, über seine Mitmenschen abfällig zu denken und zu reden, sie herabzusetzen oder auszunützen, zu kränken oder zu übervorteilen. Dagegen schafft Zuwendung in Güte und Geduld ein Klima des Friedens. Ehrfurcht vor dem Lebendigen, in erster Linie den Menschen, Anerkennung der Mitmenschen und die Bereitschaft zur Verständigung tragen dazu bei. Aus der Art, wie Christus den Armen, Kranken und Sündern und allen anderen, die zu ihm kommen, begegnet, lernen wir für unser eigenes Verhalten, das den Frieden aufbauen soll, den Frieden, von dem die Engel bei der Geburt Jesu sangen und der uns endgültig geschenkt ist in der vollen und immerwährenden Gemeinschaft mit Gott.

Der Herr kommt zum Gericht

Zu dieser Gemeinschaft gelangen wir nur, wenn wir auf Christus hören. Er selbst ist unser Weg. Als Menschen »dieses Weges« (Apg 9,2 u.ö.) müssen wir unser Kreuz auf uns nehmen und ihm nachfolgen (Lk 9,23); denn durch Christi Kreuz sind wir erlöst und werden neugeschaffen für das ewige Leben. Das rufen uns die Engel mit den Leidenswerkzeugen ins Gedächtnis (Abb. Seite 61). Ihr Anblick ermutigt uns, mit und für Christus zu leiden in der Hoffnung auf das ewige Leben. Die Christen des Mittelalters hielten sich die Marterwerkzeuge des Herrn vor Augen, um zu bedenken, auf welche Weise sie erlöst wurden. Uns trifft der Anblick deshalb, weil in unserer Zeit die Menschen mehr als je zuvor gemartert und gequält werden.
Wer nach Auschwitz kommt, sieht mit Entsetzen, welche Werkzeuge Männer unseres Jahrhunderts erfunden haben, um gefangene Menschen zu fol-

tern und zu Tod zu quälen. Die Passion Christi geht durch alle Zeiten weiter. Es finden sich immer wieder Richter, die über Unschuldige das Todesurteil fällen, und Henker, die es vollstrecken. Tod durch Verhungern – der heilige Maximilian Kolbe starb ihn –, Tod durch Erfrieren, Tod als Folge von Schlägen und Übertragungen tödlicher Krankheiten aus teuflischer Absicht, alle diese Todesarten und noch viele mehr werden Menschen von Menschen zugefügt! Es muß uns erschüttern und zu Taten des Friedens drängen. Der Herr nennt uns solche Taten: Hungernden zu essen geben, Frierenden Wärme, auch innere Wärme, verschaffen, den Trauernden und Einsamen beistehen, Streitende versöhnen. Wer mit Christi Augen schaut, sieht, wo er gebraucht wird.

Jeder gläubige Mensch befaßt sich mit dem Gedanken, ob er am Ende seiner Zeit vor Gott wird bestehen können. Damit die Christen wachend und betend dem Herrn die Treue halten, haben Künstler des Mittelalters im Tympanon über den Eingangsportalen der Dome das Gericht mit Christus als Weltenrichter in der Mitte dargestellt. Engel stoßen in die Posaune (Abb. Seite 63) und rufen alle vor den Herrn. Vor ihm werden die Menschen geschieden. Wer ihm aufgrund seiner Glaubensüberzeugung und christlichen Lebensführung angehört, wird vom Engel zur Schar der Seligen ins himmlische Jerusalem geleitet. Wen aber der Herr nicht kennt, weil er fern von ihm seine eigenen Wege gegangen ist, wird von der Waage des Erzengels Michael als zu leicht befunden und verfällt dem Höllenschlund (Abb. Seite 65). Die Gerichtsszene über dem Portal tut kund: Das Gericht findet jetzt statt. Wer in die Kathedrale eintritt, soll sich für Christus entscheiden und damit das Leben wählen. Wehe aber dem, der sich fernhält! Die Fratzen und Fabeltiere (an der Außenseite der Kathedrale) deuten an, in welche Welt er sich begibt.

Engel mit Leidenswerkzeugen
Weltgerichtstympanon, Fürstenportal, Ende 13. Jahrhundert, Dom zu Bamberg

Das Fürstentor an der nördlichen Langseite des Domes ist die Pforte des Jüngsten Gerichtes. Dieses zentrale Bildthema des Mittelalters stellt das Weltgericht am Ende aller Tage dar und beruft sich auf die Wiederkunft Christi.
Den Vorläufern an den französischen Kathedralbauten standen dafür wesentlich größere Flächen zur Verfügung. Der Künstler des Fürstenportales in der Zeitepoche der Spätromanik verstand es meisterlich, auf eng begrenztem Raum den wesentlichen Inhalt der Weltgerichtsszene auszudrücken.
In der Mitte der göttliche Richter Christus, an Größe alle anderen Figuren überragend, trägt sichtbar seine Wundmale. Engel nahen sich von rechts mit den Leidenswerkzeugen in ehrfurchtsvoller Haltung (vom Tympanon aus gesehen rechts = Seite des Paradieses und der Seligen, links = Seite der Hölle und der Verdammten). Kreuz, Dornenkrone, Speer, Schweißtuch beglaubigen damit gleichermaßen die übertragene Vollmacht an Gottes Sohn im Jüngsten Gericht.
Maria und Johannes der Täufer umklammern fürbittend für die sündige Menschheit die Füße des Weltenrichters.
Ohne Ansehen von Rang und Stand müssen sich alle Menschen für ihr Leben verantworten, Papst, Bischof, König – im Jüngsten Gericht gilt kein Ansehen der Person.

Denn wir alle müssen vor dem Richtstuhl Christi offenbar werden, damit jeder seinen Lohn empfängt für das Gute oder Böse, das er im irdischen Leben getan hat.
(2 Kor 5,10)

Engel des Jüngsten Gerichtes
13. Jahrhundert, Dom zu Bamberg

Dieser Engel flankierte früher die Gerichtspforte neben Ecclesia und Synagoge. Aus dem Weltgerichtszyklus herausgelöst, fand er seinen Platz im halbdunklen Inneren des Domes. In der Bibel gilt der Posaunenschall als das Signal, das höchste Aufmerksamkeit erfordert, eine wichtige Ankündigung steht bevor!
Ganz seiner Sendung hingegeben, mit voller Kraft, bläst Gottes Bote die Tuba zum Weltgericht, um die Auserwählten des Erdkreises aufzuwecken und zu sammeln.

Er wird seine Engel unter lautem Posaunenschall aussenden und sie werden die von ihm Auserwählten aus allen vier Windrichtungen zusammenführen, von einem Ende des Himmels bis zum anderen.
(Mt 24,31)

Der Erzengel Michael mit Seelenwaage beim Jüngsten Gericht
Wandfresko, 13. Jahrhundert, Taufkapelle St. Vitus, Kottingwörth bei Beilngries

Ganz allein und nackt sitzt das Menschenkind auf der rechten Waagschale, um beim Jüngsten Gericht Rechenschaft über sein Erdenleben abzugeben.
Hilfesuchend wendet sich sein Blick zu Maria. Die erhobenen Hände unterstreichen seine Bitte. Die Gottesmutter eilt mit einem schweren Stein herbei, um diesen zugunsten des Menschen in die Waagschale zu legen. Es sind die Verdienste und der Kreuzestod ihres Sohnes und ihre Fürbitte, die die Waagschale des zu richtenden Menschen nach unten sinken lassen.
Fragend schaut der Erzengel Michael Maria an. Denn auf der linken Schale türmen sich alle im Leben des Betroffenen angehäuften Reichtümer, Goldbarren, Aktienpakete, Verfehlungen und Sünden. Der Teufel schickt zwei seiner Gehilfen vor, sich selbst an die Waagschale zu hängen, um diese durch das zusätzliche Gewicht zu seinem Vorteil nach unten zu ziehen. Vor dem aufgesperrten Höllenrachen brennt das Feuer der Verdammnis. Vom Teufel selbst mit einem Strick umschnürt, wartet die Gruppe der Verurteilten, hineingeworfen zu werden. Weder Bischofswürde noch Ordensgelübde schützen vor dem Höllenfeuer, wenn der Mensch beim Jüngsten Gericht für zu leicht befunden wird.
Stellvertretend für das ganze Menschengeschlecht, das einmal Rechenschaft über sein Erdenleben ablegen muß, eilt, links im Bild, das erste Menschenpaar, Adam und Eva, zur Seelenwägung.

Denn der Herr selbst wird vom Himmel herabkommen, wenn der Befehl ergeht, der Erzengel ruft und die Posaune Gottes erschallt. Zuerst werden die in Christus Verstorbenen auferstehen.
(1 Thess 4,16)

Sein Leben ist mißlungen und hat seinen Sinn verfehlt. Was vor ihm liegt, läßt sich nicht drastischer als mit einem ungeheueren finsteren Schlund darstellen. Die Zukunft dieses Menschen heißt Isolation und Qualen in äußerster Kälte des Herzens. Er wird das im höchsten Maß finden, was er schon in sich trug und wovon er sich durch Christus nicht befreien ließ: Unfriede und Haß. Wie die Hölle beschaffen ist, läßt sich andeutungsweise ahnen aus den amtlichen und privaten Folterkammern der Welt. Nur werden dort die friedlosen Folterknechte in Eigenhaß gegen sich selbst rasen. Wachsamkeit ist also für alle geboten.

Die Engel, die Christus von Anfang an zur Seite stehen, kommen auch mit ihm zum Gericht (vgl. Mt 25,31). Daraus schöpften die Christen Trost und hofften, der Erzengel Michael werde sie nach dem Tod zu Gott ins Leben geleiten. Wie wir das Verlangen haben, an der Hand eines Menschen zu sterben, so möchten wir an der Hand eines Engels nach dem Sterben zu Gott gehen und nicht allein gelassen werden.

HELFENDE UND SCHÜTZENDE ENGEL

»Ich werde dir einen Engel schicken, der dir vorangeht. Er soll dich auf dem Weg schützen«, versprach Gott dem Mose (Ex 23,20. 22; 32,34; 33,2) wie zuvor schon den Erzvätern (Gen 24,7. 40; 48,16). Dem Propheten Daniel schickte Gott einen Engel zu Hilfe, als der eine Offenbarung nicht zu deuten wußte. Der Engel sah aus »wie der Blitz, und die Augen waren wie brennende Fackeln. Seine Arme und Beine glänzten wie polierte Bronze. Seine Worte waren wie das Getöse einer großen Menschenmenge« (Dan 10,6). Der Widerschein göttlicher Majestät lag also auf dem Engel und wies ihn als Boten Gottes aus, dem Propheten zur Hilfe gesandt. Daniel hatte in einer Vision die Kämpfe zwischen den Ptolemäern und Seleukiden und die Schrekkenszeit der Juden unter Antiochus IV. vorausgesehen und bat darum von Gott zu hören, was das zu bedeuten hatte. Der Engel teilt ihm mit, um welche Kriege und Schrecknisse es sich in seiner Vision gehandelt hatte, und sagte ihm, der Engelfürst des Perserreiches habe ihn 21 Tage lang zurückgehalten, weshalb er nicht eher kommen konnte. Doch habe ihm schließlich Michael, einer der obersten Engelfürsten, geholfen (Dan 10,13). Michael ist der Schutzengel der Juden und steht seinem Volk bei. Daniel erkannte daran bildhaft, daß Michael seinem Engel, der ihm die Offenbarung deutete, half. Es war gut für Juda zu wissen, was es zu erwarten hatte; es konnte sich darauf einstellen und mit Gottes Hilfe und unter dem Schutz Michaels die Zeit der Bedrängnis überstehen, war ihm doch die Zusage Gottes gegeben: »In jener Zeit tritt Michael auf, der große Engelfürst, der für die Söhne deines Volkes eintritt« (Dan 12,1).

Der Glaube, jedes Volk habe seinen Schutzengel, begegnet uns hier zum ersten Mal. Später haben Franzosen und Deutsche in Michael ihren Schutzherrn gesehen. Als das Heer Ottos des Großen 955 die Ungarn auf dem Lechfeld besiegte, schrieb man den Sieg dem Erzengel Michael zu.

Uns Heutigen liegt die Vorstellung, ein Engel könne in den Krieg zwischen Völkern eingreifen, fern. Wir lehnen den Krieg als Mittel der Auseinandersetzung zwischen Nationen ab und wünschen, daß die Völker sich verständigen, ohne Gewalt anzuwenden. Doch können nicht bloß Kämpfe zwischen Menschen und Völkern ausbrechen. Die bösen Mächte fragen nicht nach unserer Friedensliebe, sondern ziehen uns oft in den Kampf zwischen Gut und Böse hinein, der in unseren Herzen ausgekämpft wird. Eine Erklärung für diese bösen Mächte bietet uns die Apokalypse (12,7–12). Johannes sieht in einer Vision einen Kampf im Himmel entstehen. Zwei Parteien haben sich gebildet: Michael und die Engel auf seiner Seite kämpfen mit dem Drachen und den Dämonen. Nur einen Teufel gibt es, und dessen Werk besteht darin, mit Hilfe der Dämonen den Erdkreis zu verführen. Wie er dies bei den Menschen von Anfang an zuwege bringt, deutet uns in einem Bild das erste Buch der Bibel. Die Schlange, die die Menschen verführt, ist die in Ägypten göttlich verehrte Schlange. Durch Salomos ägyptische Hauptfrau kommt der Schlangenkult nach Israel und verleitet zur Untreue gegenüber Jahwe, der der einzige Gott ist. Hier wird also der Sündenfall konkretisiert. Die Sünde ist Untreue gegenüber Gott, weil neben Gott oder an seine Stelle etwas anderes gesetzt wird, als sei es Gott. Der Teufel, symbolisiert als Schlange, bringt mit List die Menschen so weit. Als Verführte aber können die Menschen Ver-

gebung finden, wenn sie umkehren und ihr Leben wieder ganz unter den Willen Gottes stellen. Bis sie für immer bei Gott sind, bleiben sie gefährdet und bitten Michael um Schutz.
Die Kunst stellt Michael als Gottesstreiter mit Schwert oder Lanze im Kampf gegen den Drachen dar (Abb. Seite 71). Das Bild des siegreich kämpfenden Erzengels bekräftigt die Verheißung, Gottes Königsherrschaft werde sich endgültig durchsetzen. Dies ist die Herrschaft der Liebe. Die Liebe zerstört nicht, sondern vollendet und macht vollkommen. Sie überwindet das Böse, indem sie leidet, statt Gewalt zu gebrauchen, wie wir an Christus erkennen. Freude und Friede gedeihen da, wo die Liebe ist. Michaels Schwert und Lanze sind keine Waffen, die Unrecht und Gewalt antun, sondern Zeichen der Gerechtigkeit, an denen die bösen Mächte ihre Kraft verlieren und ins Leere laufen. Es ist die Antwort Christi, der nicht schlägt, sondern sich schlagen läßt und den Haß hinwegleidet, indem er ihn mit Liebe beantwortet und leidend durchsteht, damit der Hassende sich vom Haß befreien läßt und erkennt, daß der Haß nur ihn selbst zerstört. Soll Michael uns schützen, dann müssen wir dem Haß schon in unseren Gedanken wehren und uns die Kraft der Liebe erbitten.

Mit dem Engel auf dem Weg

Das Buch Tobias erzählt uns eine freundliche, anregende Geschichte. Der alte Tobit steht uns nahe, weil er trotz Gefährdung in der Gefangenschaft seinem Gott treu bleibt, deswegen verarmt und seinen Sohn Tobias auf eine schwierige Reise schicken muß, um ausgeliehenes Geld wieder zu bekom-

Michael mit dem Drachen
Halbrelief, 13. Jahrhundert, Dom zu Bamberg

Als stämmiger Krieger, unter seiner Rüstung mit dem Diakongewand bekleidet, steht Michael auf dem Drachen, um ihm mit dem Schwert den Todesstoß zu versetzen. Als Beglaubigung seines Auftrages lehnt links von ihm der Heroldsstab, verziert mit dem Kreuz als Siegeszeichen. Symbolisch stellt das Ungeheuer den Satan dar und die mit ihm verbundenen teuflischen Mächte.
Im Untergeschoß mittelalterlicher Kirchtürme befanden sich oft Engelkapellen, die den beiden Erzengeln Michael und Gabriel geweiht waren. Manchmal finden wir diese heute noch in Frankreich oder kennen sie aus dem Lageplan des mittelalterlichen Klosters St. Gallen. Daher besteht die berechtigte Annahme, daß im Frühmittelalter auch die beiden Westtürme des Bamberger Domes diesen zwei Erzengeln gewidmet waren.
Michael (= Wer ist wie Gott?) wird in der Kunst als Kämpfer gegen die bösen Mächte und den Satan dargestellt, auch als Seelenwäger beim Jüngsten Gericht. Er nimmt die Gebete der Menschen entgegen und behütet die Frommen. Beim Endkampf der letzten Tage wirft Michael mit seinen Engeln den Satan aus dem Himmel.

In jener Zeit tritt Michael auf, der große Engelfürst, der für die Söhne deines Volkes eintritt.
(Dan 12, 1)

men. Wie ein junger Mann ihn begleitet, vor allem Schlimmen bewahrt und verheiratet nach Hause bringt, ist heiteren, vertrauensvollen Gemüts berichtet. Ihren Gipfel erreicht die Geschichte, als Tobit geheilt wird und der Mann sich als Erzengel Rafael zu erkennen gibt (Abb. Seite 75).

Der Name Rafael hat sich den Gläubigen tief eingeprägt und steht für den Schutz und die Hilfe, die Gott durch seine Engel gewährt. Die Rafaelgeschichte begründet den Glauben daran, daß Gott jedem von uns einen schützenden und zur Seite stehenden Engel gegeben hat. Kliniken, Seemannsheime und Kirchen in Eisenbahnersiedlungen tragen den Namen Rafaels und zeigen konkret, wo dieser als Weggeleiter und Schützer erwartet wird. Zunächst also von denen, die unterwegs sind, sich in der Fremde aufhalten und sich gefährdet glauben. Ihnen hilft der Gedanke, ein Begleiter gleich dem Rafael biete ihnen Schutz. Bei manchen habe ich diesen Glauben fest eingewurzelt gesehen. Ein alter Herr beteuerte mir, bei seinen zahlreichen Stürzen habe ihn der Schutzengel stets aufgefangen und vor großem Schaden bewahrt. Von einem Lehrer hörte ich, sein Engel habe ihn im Krieg vor einem tödlichen Treffer gerettet. Statt ins Herz zu dringen, sei die Kugel an der Tabaksdose seines Vaters abgeprallt; die Tabaksdose habe sich an diesem Tag nur ausnahmsweise an dieser Stelle befunden.

Überdenke ich, was in meinem Leben einer Reise mit Rafael am nächsten kommt, fällt mir mein Weg im März 1945 ein. Mit zwei Kameraden schlug ich mich vom Rhein nach Westen durch, wollte nach Hause, statt als Volkssturmmann zu kämpfen. Militärautos nahmen uns streckenweise mit, bis wir mit einem Tigerpanzer kollidierten. Zu Fuß erreichten wir einen Wald und hielten uns versteckt, bis uns die Unruhe weitertrieb. Kaum waren wir weg, fielen Bomben in den Wald, durch den die Hauptkampflinie verlief. Neun

Kilometer legten wir auf einer Straße, die von Jabos beschossen wurde, zurück. Als wir uns bis auf 100 Meter einer Autobahnbrücke genähert hatten, flog die Brücke in die Luft. Am fünften Tag kam ich wohlbehalten nach Hause, obwohl die Front über uns hinweggerollt war.

Es gab Situationen in meinem Leben, in denen ich überzeugt war: Eine Kraft von oben, Gott, hat mich bewahrt. »Ihr habt einen guten Schutzengel gehabt«, sagten Freunde, als wir eine Zugentgleisung heil überstanden hatten. Gott ist mit uns und schützt uns durch seine Engel, davon bin ich überzeugt und stütze mich auf das Wort Jesu: »Hütet euch davor, eines von diesen Kleinen zu verachten! Denn ich sage euch: Ihre Engel im Himmel sehen stets das Angesicht meines himmlischen Vaters!« (Mt 18,10). Dabei stelle ich mir den Schutzengel keineswegs wie einen Leibwächter vor, sondern denke an die oben aufgezeigten Zusammenhänge. Die Engel sind auf Christus gerichtet und dienen ihm als Gehilfen beim Werk der Erlösung, wie wir dies doch auch tun sollten. Ihr Schutz will es uns möglich machen, daß wir unsere vom Herrn übernommene Aufgabe erfüllen können. Kein Schutzengel ist die Garantie dafür, daß uns nichts Schlimmes zustößt. Schlimmes in unserem Leben kann durchaus unserer Aufgabe förderlich sein und uns dem ewigen Leben näherbringen, auch wenn wir dies erst im Rückblick zu erkennen vermögen. Darauf vertraue ich, daß mich mein Schutzengel fähig erhält für meine Aufgabe und gegen die Versuchung des Bösen schützt, sofern ich ihm nicht entgegenstehe durch falsche Sorglosigkeit, Leichtfertigkeit, Resignation oder Groll jeglicher Art.

Die Engel sind Gottes Gehilfen bei allem, was er zum Heil der Menschen tut. Sie helfen den Propheten (vgl. 1 Kön 19,5–8) und umgeben dienend den Herrn Jesus Christus von Anfang an. Künstler lassen den Engel, der Josef zur

Rafael und Tobias
Lindenholzplastik von Veit Stoß, 1516,
jetzt im Germanischen Nationalmuseum Nürnberg

Rafael (= Gott heilt) und der junge Tobias, beide als Reisende in der schwungvoll-modischen Tracht des 16. Jahrhunderts gekleidet, befinden sich auf dem Heimweg. Ursprünglich hielt der Erzengel in der ausgestreckten rechten Hand das Salbengefäß mit der Fischgalle und Tobias in der linken den Fisch am Faden. Das begleitende Hündchen ging ebenfalls verloren. Erst 1933 wurden die beiden Lindenholzplastiken als zusammengehörige Gruppe wiedererkannt, nachdem diese viele Jahre getrennt voneinander ihre Aufstellung fanden.
Ein italienischer Kaufmann, der mit der Handelsstadt Nürnberg in enger Geschäftsverbindung stand, hatte diese Figurengruppe bei Veit Stoß in Auftrag gegeben.
Vermutlich diente dieses Kunstwerk als Votivgabe nach überstandener, gefährlicher Reise.
Die frühchristliche Kunst bildet Tobias mit dem Fisch als Vor-Bild christlichen Heiles ab (Fisch = Christussymbol). Die Gotik kennt ungezählte Darstellungen von Tobias und dem Erzengel Rafael. Diese Gruppe entsprach der allgemeinen Schutzengelvorstellung.

Hütet euch davor, einen von diesen Kleinen zu verachten! Denn ich sage euch: Ihre Engel im Himmel sehen stets das Angesicht meines himmlischen Vaters.
(Mt 18,10)

Flucht nach Ägypten drängt, als Schutzengel in Hoheit und Kraft mit der Heiligen Familie den weiten, gefahrvollen Weg nach Ägypten gehen (Abb. Seite 79). Das Bild der Flucht mit dem Engel ist uns von Kindertagen an vertraut und kann unser Vertrauen auf Gott festigen. Wir bedürfen einer solchen Bestärkung in einer Zeit, in der es Ströme von Flüchtlingen gibt. Ebenso muß in allen Christen das Vertrauen auf ihren Herrn und in seine rettende Gegenwart lebendig bleiben. Der Herr hat den Seinen versprochen, bei ihnen zu bleiben bis ans Ende der Welt, ihnen gegen die bösen Mächte beizustehen und Kraft zu geben, wo immer sie die Sendung Christi wahrnehmen und sich mit ihm für die Erlösung der Menschen einsetzen gleich den Aposteln. Sie erfuhren durch die Befreiung aus dem Gefängnis die Hilfe der Engel, die Gegegenwart ihres Herrn (Abb. Seite 81). Sie saßen gefangen hinter gewaltigen Mauern, weil sie Jesus als Messias verkündigt hatten und die Menschen zum Glauben an ihn aufforderten, da es nur durch Christus Rettung gibt. Zweimal erlebte die junge Kirche von Jerusalem die wunderbare Befreiung durch Engel; das erste Mal wurden mehrere Apostel verhaftet (vgl. Apg 5,17–21a), das zweite Mal ging es nur um Petrus (Apg 12,3ff). Die Befreiung der Apostel schenkte der christlichen Gemeinde Zuversicht. Sie hatte erkannt, daß der Herr mit ihr ist und bewirkt, daß sich durch die unermüdliche Arbeit der Jünger die Frohbotschaft ausbreitet und Menschen überall den Glauben an Christus, der das Leben schenkt, annehmen.

Indem wir die Erfahrung der jungen Kirche im Bild betrachten, soll es uns zur Gewißheit werden, daß der Herr uns die gleiche Gewißheit schenken will. Es gehört zu den herben Tatsachen unseres Jahrhunderts, daß ungezählte Menschen um ihres Glaubens an Christus willen benachteiligt, unterdrückt, verfolgt, eingekerkert und getötet werden. Unübersehbar ist die Zahl der Flüchtlinge und Gefangenen. Alle haben ihre Heimat verloren, viele auch ihre Freiheit, und sind der Willkür grausamer Menschen unterworfen, werden gequält, von der Umwelt abgeschnitten und seelisch unter furchtbaren Druck gesetzt. Männer wie Alfred Delp und Dietrich Bonhoeffer haben in der Zelle erfahren, daß Christus mit ihnen ist und sie stärkt bei dem Gang aufs Schafott, der für sie zum Weg ins ewige Leben wurde. Gleiche Erfahrung will der Herr jedem der Seinen vermitteln. Wir könnten für manchen der Engel sein, der Licht von oben in die Dunkelheit seines Kerkers, Flüchtlingslebens oder sonstiger bedrückender Not bringt. Geben wir ihnen ein Zeichen und bleiben wir Gehilfen Christi bei der Rettung der Menschen. Konkret nehmen wir Schutzengelaufgaben wahr etwa durch »Adveniat«, »Misereor« und »Brot für die Welt«. Der heilige Maximilian Kolbe regt uns an, für christliche Bücher, Zeitschriften, Schallplatten, Filme, Rundfunk- und Fernsehsendungen zu sorgen, damit durch sie die Botschaft Christi zu den Menschen kommt. Dies sind nur Einzelbeispiele. Weil wir die Hilfe Gottes und die rettende Gegenwart unseres Herrn erfahren konnten, wachsen in uns Vertrauen und Zuversicht. Sie nehmen uns nun in die Pflicht. Gott braucht uns als seine Gehilfen bei der Erlösung der Welt und wird uns seine Engel zur Seite geben.

Engel, der Heiligen Familie auf der Flucht nach Ägypten vorangehend
Romanische Holzdecke, 12. Jahrhundert, Kirche in Zillis, Graubünden

Wie bei der Darstellung der Anbetung der Magier aus dem Morgenland weist ein Engel der Heiligen Familie auf der Flucht nach Ägypten den Weg. Anschließend stellt der Bildzyklus der berühmten romanischen Holzdecke in Zillis Maria mit dem Kind auf dem Esel reitend dar, dahinter Josef zu Fuß mit Wassersack und Peitsche, damit er das Tragtier zur Eile antreiben kann.
Maria erscheint hier nicht als die schöne, liebliche Jungfrau der Weihnacht, sondern als ernste, besorgte Mutter, die ihr Kind an sich preßt und frontal den Betrachter anschaut, voller Ungewißheit und Zweifel – eine Familie auf der Flucht.
Unsichtbar für die Menschen, eilt Gottes Bote voraus und führt die Familie in das sichere Exil nach Ägypten.

Als die Sterndeuter wieder gegangen waren, erschien dem Josef im Traum ein Engel des Herrn und sagte: Steh auf, nimm das Kind und seine Mutter, und flieh nach Ägypten; dort bleibe, bis ich dir etwas anderes auftrage; denn Herodes wird das Kind suchen, um es zu töten. Da stand Josef mitten in der Nacht auf und floh mit dem Kind und dessen Mutter nach Ägypten.
(Mt 2, 13–14)

Die Befreiung von Petrus und Johannes aus dem Gefängnis
Seitentympanon, Mitte 16. Jahrhundert, Dom zu Regensburg

Gottes unmittelbares Eingreifen durch seinen beauftragten Engel führt die unerwartete, wirksame Hilfe in scheinbar aussichtsloser Lage dem glaubenden Menschen vor Augen.

Da erhoben sich voll Eifersucht der Hohepriester und alle, die auf seiner Seite standen, nämlich die Gruppe der Sadduzäer. Sie ließen die Apostel verhaften und in das öffentliche Gefängnis werfen. Ein Engel des Herrn aber öffnete nachts die Gefängnistore, führte sie heraus und sagte: Geht, tretet im Tempel auf und verkündet dem Volk alle Worte dieses Lebens! Sie gehorchten und gingen bei Tagesanbruch in den Tempel und lehrten.
(Apg 5, 19–21)

DIE ENGEL LOBPREISEN GOTT UND DIENEN IHM

Der König Nebukadnezar ließ sein Bild aufstellen und befahl seinen Untertanen, es wie einen Gott zu verehren. Drei junge gläubige Juden, die Schadrach, Meschach und Abed-Nego oder, auf jüdisch, Hananja, Asarja und Mischael hießen, verweigerten diesen Götzendienst und wurden deswegen auf Befehl des Königs in den Feuerofen geworfen. Sie hätten unter furchtbaren Schmerzen verbrennen müssen, blieben aber angesichts solcher Qualen standhaft, weil der wahre Gott, dem sie die Treue hielten, sie in ihrer Haltung bestärkte. Gott setzte ein Zeichen und gab seinen Gläubigen so viel Mut und Kraft, daß sie inmitten der Not und Gefahr weder klagten noch haderten, sondern Gott ein Preislied sangen. »Sie gingen mitten in den Flammen umher, lobten Gott und priesen den Herrn« (Dan 3,24). Der König selbst hörte sie singen und mußte erkennen, daß der wahre Gott auf der Seite der drei Männer stand. Im Ofen nahm Nebukadnezar statt der drei sogar vier Männer wahr; denn »der Engel des Herrn war zusammen mit Asarja und seinen Gefährten in den Ofen hineingestiegen« (Dan 3,49). »Gepriesen seist du, Herr, du Gott unserer Väter«, sangen sie und forderten die Engel auf: »Preist den Herrn, ihr Engel des Herrn; lobt und rühmt ihn in Ewigkeit« (Dan 5,59). Die Kirche singt diesen Vers als Eingangslied zur Meßfeier am Gedenktag der Schutzengel, und für das Fest der Erzengel wählte sie den Psalmvers 103,20: »Lobet den Herrn, ihr seine Engel, ihr starken Helden, die seine Befehle vollstrecken, seinen Worten gehorsam.«

Erste Aufgabe aller, die an Gott glauben und von ihm die endgültige Befreiung aus der Macht des Bösen erhoffen, ist es, Gott als den höchsten Herrn zu loben und zu preisen. Darin haben sie die Engel zum Vorbild. Bei der Geburt Jesu sangen die Engel zur Ehre Gottes. Jesaja sah und hörte die Serafim das »Heilig, heilig, heilig!« singen. Aufgrund seiner Vision stimmt die Kirche immer wieder dieses »Heilig« an, das am tiefsten die Würde und Größe Gottes in unserer Sprache ausdrückt. Auch der Seher von Patmos sah die Engel vor dem Thron niederfallen und Gott anbeten. Er hörte sie sprechen: »Amen, Lobpreis und Herrlichkeit, Weisheit und Dank, Ehre und Macht und Stärke unserem Gott in Ewigkeit! Amen« (Offb 6, 11 f). Den Engeln möchten es die Gläubigen gleichtun und Gott lobpreisen, wie es ihnen zukommt, fühlen sich jedoch so klein und gering, daß sie die Engel bitten, mitzutun, damit ihr Lobgesang vollkommener werde.
Der Lobgesang der Gläubigen kommt selten aus überschwenglichem Herzen, weil ihre Situation in der Welt in manchen Zeiten der der drei Männer im Feuerofen gleicht. Dem Jünger Jesu droht Gefahr von seiten jener, die den Glauben als dumm und überholt verlachen, als untauglich für ein erfolgreiches Leben ablehnen oder ihn bekämpfen. Als vermeintliche Herren dieser Welt erheben sie absoluten Anspruch auf die Menschen, die ihnen untergeben sind, und weisen damit Christus, der allein solchen Anspruch erheben darf, zurück. Wir riefen uns bereits ins Gedächtnis, was gläubigen Menschen wegen ihres Glaubens an Gott zustoßen kann. Die drei Männer im Feuerofen sind nur ein Beispiel dafür, der heilige Maximilian Kolbe und alle christlichen Märtyrer sind ein weiteres. Daß die Gläubigen dieser Bedrohung zum Trotz Gott lobpreisen und sich durch ihren Lobgesang zu ihm bekennen, ohne vor
 Furcht stumm zu werden, verdanken sie dem Beistand Gottes. Gott sichert

ihnen zu, daß ihr Leben in seiner Hand ist und nicht verlorengeht, selbst dann nicht, wenn es ihnen von ihren Verfolgern gewaltsam genommen wird. Wer Christus nachfolgt auf dem Weg des Kreuzes und mit ihm durch das dunkle Tor des Todes geht, wird mit ihm im ewigen Leben sein. Darauf bauen alle, die um Christi willen bedroht sind, und preisen Gott gerade deswegen, weil er ihnen in Not und Gefahr zur Seite stehen will.
Die von uns erfahrene Hilfe Gottes gibt uns immer neuen Grund, Gott in Dankbarkeit zu preisen. Doch haben wir zum Lob Gottes schon von vornherein Grund. Wir brauchen nur die Schöpfung zu sehen, um dies zu erkennen. Die Schöpfung ist das Werk Gottes, so glauben wir (vgl. z.B. Ps 104). Alles, was ist, wurde von Gott, dem einzig Unerschaffenen, ins Dasein gerufen. Das Bild des Paradiesgartens drückt die Schönheit der Schöpfung an ihrem Morgen aus (Seite 88). Alles Lebendige soll wachsen, blühen, reifen und zur Vollendung gelangen. Jesus hat den Glauben mit Pflanzen, die wachsen und Frucht bringen, verglichen. Eine erblühte Rose kann für uns zum Inbegriff der Vollkommenheit werden. Vollendet werden wir sein, sobald wir für immer bei Gott sind, wir werden leuchten, sobald er uns ganz und endgültig geheiligt hat. Dann singen wir mit den Engeln und der ganzen Welt anbetend den Lobpreis Gottes ohne Ende. Begonnen haben wir bereits mit dieser Anbetung, weil wir die großen Taten Gottes, der uns erschaffen und erlöst hat, erkennen. Wir danken ihm dafür, daß er so große Dinge an uns getan hat und weiterhin tut, bis wir endgültig erlöst sind und ein für allemal an seinem Leben teilnehmen. Doch preisen wir Gott nicht bloß wegen seiner Taten. Hinter seinem Handeln steht ja Gott selbst und läßt uns erahnen, wer er ist. Und so rühmen wir ihn, weil er ist, wie er ist. Im Gloriahymnus der heiligen Messe singen wir: »Wir loben dich, wir preisen dich, wir beten dich an, wir

Engelreigen
Fresko des Chorgewölbes, 1230–1240, Pfarrkirche Maria zur Höhe, Soest

Der Baubeginn der Kirche Maria zur Höhe fällt zu Beginn des 12. Jahrhunderts in die spannungsgeladene Zeit der Kreuzzüge. Zugrunde lag die Idee der Befreiung des Heiligen Landes vom Islam. Die Begegnung mit dem Orient und dem Mittelmeerraum führte zum intensiven Austausch byzantinischer Kunst und Kultur.

Vorbild in Thema und Ausführung des Engelreigens war die Erzengelverehrung in der griechisch-orthodoxen Kirche.

Auf tief indigoblauem Grund thront die Zentralfigur Maria mit dem Kind. Rechts vom Thronsessel eilt Johannes der Täufer, links der Apostel Johannes fürbittend herbei.

16 große Engelgestalten, die zu zweit oder zu dritt in den Gewölbekappen frontal gruppiert sind, umgeben den Thron.

Die drei Erzengel kennzeichnen ihre Herrschaftsabzeichen: Zepter, goldener Reichsapfel. Den Botenauftrag unterstreicht der Heroldsstab. Die kostbare, reichverzierte Kleidung und der goldene Heiligenschein betonen die Zugehörigkeit zum himmlischen Hofstaat.

Am sogenannten Zackenstil der Gewandfalten kündigt sich bereits der Übergang zur spätromanischen Stilepoche an.

Engel mit Paradiesesfrüchten
Altar-Seitentafel, Anfang 18. Jahrhundert, Pfarrkirche St. Ägidius, Regnitzlosau, Kreis Rehau

Der Künstler, der den seitlich am Altar angeordneten Engelskopf, umrahmt von Blumen und Früchten, zur Zeit des Barock schuf, wollte einen Hinweis auf das Paradies geben.
In der christlichen Symbolsprache bedeutet die Blüte Heiligsein. Blühen, Fruchtbringen und Heiligsein stehen in engem Zusammenhang. Mit »Blume« umschreibt die Bibel oftmals irdische Schönheit und Lieblichkeit. Auch erinnert sie an das Paradies und im übertragenen Sinn an den Zustand der Kindheit und die Schönheit der Schöpfung.

(Für den Chormeister. Nach dem Kelterlied. Ein Psalm Davids.)
Herr, unser Herrscher, wie gewaltig ist dein Name auf der ganzen Erde;
über den Himmel breitest du deine Hoheit aus.

Aus dem Mund der Kinder und Säuglinge schaffst du dir Lob,
deinen Gegnern zum Trotz;
deine Feinde und Widersacher müssen verstummen.
Seh ich den Himmel, das Werk deiner Finger,
Mond und Sterne, die du befestigt:
Was ist der Mensch, daß du an ihn denkst,
des Menschen Kind, daß du dich seiner annimmst?

Du hast ihn nur wenig geringer gemacht als Gott,
hast ihn mit Herrlichkeit und Ehre gekrönt.
Du hast ihn als Herrscher eingesetzt über das Werk deiner Hände,
hast ihm alles zu Füßen gelegt:
All die Schafe, Ziegen und Rinder
und auch die wilden Tiere,
die Vögel des Himmels und die Fische im Meer,
alles, was auf den Pfaden der Meere dahinzieht.

Herr, unser Herrscher,
wie gewaltig ist dein Name auf der ganzen Erde!
(Ps 8)

Musizierende Engel
Mitte 15. Jahrhundert, Nordflügel des Kreuzganges im ehemaligen Zisterzienserinnenkloster Himmelkron im Kreis Kulmbach

Nach der Säkularisierung des Klosters blieb nur der Nordflügel erhalten.
Wie so oft in Gotik und Barock bevölkern ganze Engelscharen mit Musikinstrumenten Kanzeln und Altäre oder wie hier das gotische Netzgewölbe des Kreuzganges. Die Nonnen, die täglich mehrmals aus ihren Zellen zur Messe durch den Kreuzgang schritten, hatten in den musizierenden Engeln das Gleichnis der himmlischen Harmonie und der immerwährenden Anbetung vor Augen.
Bereits bei den Kirchenvätern symbolisieren Musikinstrumente die himmlische Seligkeit.
Die zehnsaitige Harfe, der sogenannte Psalter, deutet wie die Leier auf den Lobpreis der Dreieinigkeit. Holz, Saite und Finger bringen zu dritt den Ton hervor.
Der Luftstrom bringt die Orgel zum Klingen, dies weist auf das Wirken des Heiligen Geistes hin.
Die Posaune verkündet Gottes Stimme.

Halleluja!
Lobet Gott in seinem Heiligtum,
lobt ihn in seiner mächtigen Feste!
Lobt ihn für seine großen Taten,
lobt ihn in seiner gewaltigen Größe!
Lobt ihn mit dem Schall der Hörner,
lobt ihn mit Harfe und Zither!
Lobt ihn mit Pauken und Tanz,
lobt ihn mit Flöten und Saitenspiel!
Lobt ihn mit hellen Zimbeln,
lobt ihn mit klingenden Zimbeln!
Alles, was atmet,
lobe den Herrn!
Halleluja!
(Ps 150)

verherrlichen dich und danken dir, denn groß ist deine Herrlichkeit.« Unser Gebet steigt zur Ehre Gottes auf wie das Räucherwerk des Engels am Altar im Tempel, den Johannes in einer Vision sah (Offb 8,3f).

Bilder von Engeln, die Gott loben und preisen, kennt die Kunst in Fülle (Abb. Seite 87–91). Dargestellt sind musizierende und tanzende Engel. Musik und Tanz drücken die Freude und den Dank der Engel aus und dienen der Verherrlichung Gottes. Auch wir Menschen musizieren oft und gern bei unseren Gottesdiensten zur Ehre Gottes. Die Musik läßt unsere Herzen mitschwingen, aber zum Tanz haben wir in unseren nördlichen Breiten nicht so recht das ursprüngliche Verhältnis, als daß wir imstande wären, den Tanz zum Ausdruck unserer Gottesverehrung zu machen.

David dagegen wußte um diese Bedeutung des Tanzes. Er »tanzte mit großer Hingabe vor dem Herrn (in der Bundeslade) her« (2 Sam 6,14). Sakrale Tänze sah ich von einer indischen Tanzgruppe in einer Kirche aufgeführt und empfand, wieviel Gottesverehrung in diesen stilvollen, ausdrucksreichen und gemessenen Tänzen liegt. Jedenfalls begriff ich, wie ein Reigen zu einer farbvoll lebendigen Geste der Huldigung an Gott werden kann, zumal wenn es der Mensch versteht, seine Lebensfreude und sich selbst im Tanz vor Gott auszudrücken. Er darf alle seine guten leiblichen Möglichkeiten für den Lobpreis Gottes aktualisieren, huldigt er doch mit dieser Art sich auszudrücken seinem Gott, der Mensch geworden ist der Menschen wegen.

Auf den Menschgewordenen, den Herrn Jesus Christus »zur Rechten der Majestät in der Höhe«, heißt uns der Hebräerbrief schauen und ihm als Volk Gottes ins ewige Leben folgen. Nach den Worten dieses Briefes ist Christus weit erhabener als die Engel. »Sind sie nicht alle nur dienende Geister, zur Hilfe ausgesandt für die Erben des Heiles?« fragt der Verfasser des Briefes

(Hebr 1,14) und sagt auf seine Weise, was wir schon bedacht haben: Die Engel sind Gehilfen Gottes und damit auch Christi und stehen im Dienst des Heiles, das Gott allen Menschen schenken will. Wer sich auf das Wort Christi hin bekehrt und an sein Evangelium glaubt, wird das ewige Leben empfangen. Aufgrund seines Glaubens nämlich gehört er zu Christus und somit zur Gemeinschaft aller, die an Christus glauben und mit denen zusammen er das eine, heilige Volk Gottes bildet. Durch die Taufe wird er sichtbar in diese Gemeinschaft aufgenommen.

Auch Jesus hat sich taufen lassen. Doch war die seine eine andere Art von Taufe als die unsere. Er ließ sich von Johannes die Bußtaufe spenden als Zeichen für uns. Wir sollen daran erkennen: Jesus stellt sich in eine Reihe mit uns, nimmt unsere Schuld auf sich und trägt unsere Sündenlast an seinem Leib das Kreuzesholz hinauf. Ans Kreuz heftet er den Schuldschein, der gegen uns zeugt, und zerreißt ihn (vgl. 1 Petr 2,24; Kol 2,14). Indem er für uns stirbt, bewirkt er die Versöhnung des Vaters mit uns und schenkt uns die Vergebung der Sünden. Die Engel helfen mit beim Aufbau des Gottesvolkes, durch das Christi Erlösungswerk in der Welt vorankommt. So zeigen es uns die Künstler, die Christus bei seiner Taufe Engel zur Seite stellen (Seite 95). Wie die Engel für Christus am Jordan bereitstehen, weiß der Künstler uns zu sagen, so stehen sie für alle, die auf Christus getauft sind, bereit. Bei der Taufe wurden wir zu einer neuen Existenz in Christus geboren und gehören Christus als der neuen Schöpfung an; wir sind dadurch Erben des Heils, die am Leben und der Freude Gottes teilnehmen dürfen. Jeder Getaufte ist ein zweiter Christus geworden und soll es bleiben. Nur wer in Christus und in der Gemeinschaft des Gottesvolkes bleibt, wird durch Christus von den Toten auferweckt, damit er ohne Ende mit ihm in der Fülle aller Gaben Gottes

Taufe Christi im Jordan
Taufbecken, Bronze, 12. Jahrhundert, Dom zu Hildesheim

Die Taufe mit dem Untertauchen im Wasser galt bei vielen Religionsgemeinschaften als Reinigung und Erneuerung, bei den Christen als Zeichen der Wiedergeburt und neuen Lebens.
Zur Bußbewegung Johannes des Täufers gehörte das Taufbad. Als sichtbares Zeichen der Zugehörigkeit zum Volke Israel läßt sich auch Jesus von Johannes taufen. Dabei bestätigt Gott selbst den messianischen Auftrag, dargestellt in der herabschwebenden Taube.
Zwei Engel stehen zum üblichen Diakonendienst bei der Taufhandlung am Ufer des Jordan bereit, um nach dem Untertauchen beim Abtrocknen und der Neubekleidung zu helfen. Die bedeckten Hände deuten auf die antike Ehrfurchtsgebärde gegenüber Gottes Sohn hin.

Zusammen mit dem ganzen Volk ließ auch Jesus sich taufen. Und während er betete, öffnete sich der Himmel, und der Heilige Geist kam sichtbar in Gestalt einer Taube auf ihn herab, und eine Stimme aus dem Himmel sprach: Du bist mein geliebter Sohn, an dir habe ich Gefallen gefunden.
(Lk 3,21–22)

Lesepultengel
Mitte 18. Jahrhundert, Pfarrkirche Maria Magdalena, Ebersdorf, Kreis Kronach

Nach der Offenbarung des Johannes repräsentieren die Engel im Himmel die irdischen Gemeinden vor Gottes Thron. In immerwährender Liturgie vollziehen sie das Urbild des menschlichen Gottesdienstes.
Gekrönt mit dem immergrünen Lorbeerkranz, dem Symbol der Unsterblichkeit, des Sieges und des Friedens, trägt der göttliche Bote als stämmige Stützfigur jetzt das schwere Lesepult mit der Heiligen Schrift – früher trug er die Kanzel.
Mit erhobenen Armen, der frühchristlichen Gebetshaltung, bietet er die Bibel der Gemeinde dar. Die grüne Farbe seines Gewandes drückt die christliche Tugend der Hoffnung aus und betont das neue Leben durch Wachstum und Erkenntnis, vermittelt durch die biblische Heilsbotschaft.

An den Engel der Gemeinde in Smyrna schreibe: So spricht Er, der Erste und Letzte, der tot war und wieder lebendig wurde.
(Offb 2,8)

lebt. Die Engel sind bedacht darauf, die Getauften zu geleiten, damit sie treu bleiben und in den Leiden der Zeit ausharren, weil ihnen die Hoffnung auf die ewige Freude geschenkt ist.

Grundlegend bleibt also der Glaube. Der aber kommt durch die Verkündigung des Evangeliums (vgl. Röm 10,14f). Das Evangelium muß gepredigt werden, damit die Menschen es hören, sich entscheiden, daran glauben und ihm folgen. Wo das Evangelium angenommen wird, vermählt sich der Himmel mit der Erde. Daß auch bei der Verkündigung die Engel dienen, will uns der Engel, der das Evangelienbuch trägt, sagen (Abb. Seite 96). Der Aufbau des Gottesvolkes beginnt mit der Predigt und der Taufe. Existiert dann dieses Volk, läßt es sich einem Bau aus lebendigen Steinen, die vom Geist Gottes zusammengefügt sind, vergleichen (1 Petr 2,5). Dieser geistige Bau aus der Gesamtheit aller Gläubigen braucht starke Stützen, die ihn tragen und aufrecht halten. Christus hat dafür lebendige Säulen vorgesehen, nämlich seine Apostel. Vor allem wurden Petrus, Jakobus und Johannes als die Säulen der Gemeinde angesehen, wie wir vom heiligen Paulus (Gal 2,9), der sich nach seiner Bekehrung an diese Männer wendet, hören. Die Engel tragen diesen heiligen Bau mit (Abb. Seite 101).

Da dieser Bau jedoch aus lebendigen und nicht aus toten Steinen errichtet ist, darf sich keiner, der dazugehört, bloß passiv verhalten. Alle sind angesprochen, die Last der Kirche mitzutragen. Zur Last gehört nicht nur die Aufgabe der Kirche, ihre Sorge um das Heil der Menschen, dazu gehört auch die menschliche Unzulänglichkeit, das Versagen der einzelnen und die damit verbundene Enttäuschung. Kraft zum Tragen und Ertragen kommt uns von oben, vom Herrn und seinem Geist.

Uns stärkt vor allem die von Christus kommende Hoffnung auf das ewige

Leben. Durch Adams Sünde bekam das Böse und in seinem Gefolge der Tod Macht über die Menschen. Das Nein Adams zu Gott prägte so sehr das geistige Klima in der Welt, daß alle Menschen, sobald sie ins Dasein traten, diesem Klima unterlagen und sich für die Haltung Adams entschieden, Maria allein ausgenommen. Jesus jedoch hat Adams Verweigerung gegenüber Gott als der neue Adam zurückgenommen und durch sein vollkommenes Ja, bekräftigt durch seinen Tod am Kreuz, Gott als den einzigen und höchsten Herrn anerkannt. Wer sich mit Christus ohne Vorbehalt unter den Willen Gottes stellt, bleibt nicht länger vom Leben ausgeschlossen, im Gegensatz zu denen, die sich von Gott losgesagt haben. Er gewinnt durch Christus Zugang zum Vater, der für uns der Quell des ewigen Lebens ist. Christus wird uns, die zu ihm gehören, weil sie an ihn glauben und ihm gehorchen wollen, von den Toten auferwecken. Dann führen uns seine heiligen Engel zu Gott ins himmlische Jerusalem, wo wir unsere Glückseligkeit empfangen. »Wie in Adam alle sterben, so werden in Christus einst alle lebendig gemacht« (1 Kor 15,22; Röm 5,12–21). Das hat uns Christus versprochen, und darum erwarten wir ihn als unseren Herrn, der mit den Engeln kommt. Wir harren darauf, von den Engeln ins Leben geleitet zu werden (Seite 103), und bitten deshalb Gott, er möge uns jetzt, auf dem Weg zu ihm, Engel als sichere Geleiter geben.

Engel als Lastträger
Kapitell an der Petrussäule, 12. Jahrhundert, Kathedrale in Chur

Die Säule, Sinnbild tragender Kraft, stellt mit Basis und Kapitell auch den Baum des Lebens dar.
Fast modern-expressionistisch mutet der lasttragende Engel am Kapitell der Petrussäule in der Kathedrale in Chur an. Mit seiner ganzen Körperkraft stemmt er das schwere Gewölbe, die übergroßen Hände unterstreichen den mühevollen Auftrag.
In der urchristlichen Gemeinschaft galten Jakobus, Petrus und Johannes als »Säulen der Gemeinde«.

Deshalb gaben Jakobus, Kephas und Johannes, die als »Säulen« der Gemeinde Ansehen genießen, mir und Barnabas die Hand zum Zeichen der Gemeinschaft.
(Gal 2, 9)

Auferstehung Adams
Kreuzfuß, frühes 12. Jahrhundert, Kathedrale in Chur, Schatzkammer

Oft findet man im Frühmittelalter am Fuße des Kruzifixes die Darstellung Adams oder seines Schädels.
Als Beauftragte Gottes befreien hier zwei Engel Adam aus dem Grab zur Auferstehung am Jüngsten Tag.
Christi Kreuz auf Adams Grab symbolisiert die Erlösung des Menschen durch Christus.
Nach der Legende zerstörte ein Erdbeben bei Christi Kreuzigung den Hügel Golgota. Dadurch trat in einer Kluft unterhalb des Kreuzes Adams Schädel zutage.
Die Adam-Kapelle am Fuß von Golgota trägt die griechische Inschrift: »Die Stätte des Schädels ist zum Paradies geworden.«
Das erste Menschenpaar, Adam und Eva, dient als Unterscheidungssymbol zwischen alter und neuer Schöpfung.
Die Füße des Kreuzfußes bilden die vier Paradiesströme, darüber erscheinen die vier Evangelisten.
Nach Genesis 2, 10–14 geht ein Strom vom Paradies aus, der den Garten Eden bewässert und der sich in vier Arme teilt: Euphrat, Tigris, Pischon und Gichon.
Die Tatsache der Vierzahl und Ursprung der vier Flüsse aus einer Quelle war den Kirchenvätern der Hinweis, diese mit den vier Evangelisten in Verbindung zu bringen, die Christi Botschaft in die vier Himmelsrichtungen – in alle Welt – hinaustrugen.

Denn wie in Adam alle sterben, so werden in Christus alle lebendig gemacht werden.
(1 Kor 15,22)

An meinen Engel

An keinem Tag durft ich dich schauen,
doch war ich da und dort gewiß,
dich an meiner Seite zu haben.
Einmal lenktest du das Steuer
und brachtest unseren schlingernden Wagen
sicher aus der drohenden Gefahr.
Einmal fuhrst du mit uns
im entgleisenden Zug.
Einmal hieltest du mich fest
auf einem stürzenden Baum.
Fünfmal und öfter gingst du mit mir
zu Menschen, die mir feind,
und stiftetest Frieden.
Nimm dafür Dank entgegen und hilf,
daß ich auf dem Wege Christi bleibe,
getreu meinem Herrn, der mich erlöst,
zugewandt den Menschen,
für die ich Verantwortung trage.
Bei dir kommt mir eine Ahnung
des Lichtes, der Freude,
des Friedens von oben.
Sei mein Geleiter
vom Tod in das Reich des ewigen Lebens.